DOS DELITOS E DAS PENAS

DOS DELITOS E DAS PENAS

Cesare Beccaria

Tradução
LUCIA GUIDICINI
ALESSANDRO BERTI CONTESSA

Revisão
ROBERTO LEAL FERREIRA

wmf **martinsfontes**

SÃO PAULO 2019

Título original: DEI DELITTI E DELLE PENE.

1ª edição *1991*
4ª edição *2019*

Tradução
LUCIA GUIDICINI
ALESSANDRO BERTI CONTESSA

Revisão da tradução
Roberto Leal Ferreira
Revisão gráfica
Lilian Jenkino
Marise Simões Leal
Produção gráfica
Geraldo Alves
Paginação
Studio 3 Desenvolvimento Editorial

Dados Internacionais de Catalogação na Publicação (CIP)
(Câmara Brasileira do Livro, SP, Brasil)

Beccaria, Cesare Bonesana, Marchesi di, 1738-1794.
Dos delitos e das penas / Cesare Beccaria ; tradução Lucia Guidicini, Alessandro Berti Contessa ; revisão Roberto Leal Ferreira. – 4ª ed. – São Paulo : Editora WMF Martins Fontes, 2019. – (Clássicos WMF)

Título original: Dei delitti e delle pene.
ISBN 978-85-469-0288-0

1. Crimes e criminosos 2. Direito penal 3. Pena de morte 4. Penas (Direito penal) 5. Tortura I. Título. II. Série.

19-30876 CDU-343

Índices para catálogo sistemático:
1. Direito penal 343

Maria Paula C. Riyuzo – Bibliotecária – CRB-8/7639

Editora WMF Martins Fontes Ltda.
Rua Prof. Laerte Ramos de Carvalho, 133 01325-030 São Paulo SP Brasil
Tel. (11) 3293.8150 e-mail: info@wmfmartinsfontes.com.br
http://www.wmfmartinsfontes.com.br

Sumário

Prefácio

1

Com a paz de Aquisgrana (1748), que encerra a disputa entre Carlos II da Espanha e Luís XIV da França, inaugura-se um período de reconsideração cultural, a par das frivolidades da Arcádia e depois da grande fase barroca: um período de reflexão social estigmatizada pela obra de Giuseppe Parini, que descreve em *Giorno* (*Dia*) uma sociedade decadente e renunciante, destinada a se ocultar diante das profundas e inevitáveis inquietações que serão determinadas pelo romantismo.

A Lombardia, todavia, não deixa de individuar os sinais premonitores da nova realidade européia, pois continua a reforçar os vínculos econômicos, comerciais e culturais com os países para além dos Alpes. A economia, a ciência das finanças, o direito e a administração pública constituem temas de debates no círculo dos operadores sociais mais sensíveis ao processo de modernização dos recursos humanos e tecnológicos.

O enciclopedismo, o iluminismo e o radicalismo político franceses constituem os princípios inspiradores do movimento inovador que, a partir da Lombardia, se expande para o Piemonte até atingir as regiões meridionais, *in primis* Nápoles, onde os reformistas sociais, como os Filangeri e os Genovesi, são considerados os promotores de uma síntese operativa do pensamento de Giambattista Vico e da filosofia da prática e da ação: a mesma que preside à revolução francesa.

Em Milão, os intelectuais inseridos na atividade programática da revista *Il caffè* (1764-1766), promovida pelos irmãos Pietro e Alessandro Verri, sugerem a conciliação das contribuições diferenciadas, próprias das suas diferentes extrações culturais: entre eles, de fato, se encontram Paolo Frisi, matemático, e Cesare Beccaria, jurista.

Nascido em Milão em 15 de março de 1738, mas de famíla originária de Pavia, Beccaria, educado pelos jesuítas de Parma, é considerado um dos espíritos mais inquietos do grupo. Depois do diploma em jurisprudência obtido em Pavia, passou a se interessar principalmente pelo estudo dos fenômenos sociais enquanto efeito de um sistema participativo baseado na legitimidade e, portanto, na responsabilidade individual e coletiva. Para Beccaria, a história política identifica-se cada vez mais com o resultado de uma interação de fatores cujos alicerces estão no costume e na prática da colaboração individual. Os autores que o influenciaram – Plotino, Pomponazzi, Bruno, Spinoza, Voltaire, o abade de Saint-Pierre, Montesquieu, D'Alembert, Diderot, Helvetius, Buffon, Hume – constituem os referentes conceituais da sua obra como reformador. A defesa da liberdade, todavia, não autoriza ninguém a tomar um percurso pessoal que o leve ao martirológio. A superstição e o preconceito também estão presentes no heroísmo, sobretudo quando este desrespeita os critérios da argumentação, da avaliação e da eficácia. A ação de cada participante, organizada e com a finalidade de atingir os objetivos comunitários, deve ser justificada através dos entendimentos onde o *ethos* coletivo pode ser identificado.

À base de um correto funcionamento do Estado está a sua capacidade de produzir riqueza a partir de uma justa avaliação relativamente aos programas a serem realizados com a participação de todas as forças sociais. O seu ensaio *Del disordine e dei rimedi delle monete nello Stato di Milano nell'anno 1762* (Da desordem e dos remédios das moedas no Estado de Milão de 1762) constitui o proêmio da sua reflexão social, sucessivamente elaborada com base em uma nova formulação da transgressão e da função equilibradora da intervenção institucional. Ao Estado compete, de fato, a tarefa de remover todos aqueles obstáculos que se interpõem à iniciativa individual que visa ao bem coletivo antes de intervir para dirimir os conflitos inevitavelmente determinados pela dinâmica social.

2

O livro *Dos delitos e das penas* foi escrito em 1763 e publicado em julho de 1764. Pode ser descrito como uma pesquisa – circunspecta em alguns pontos – sobre a objetividade do juiz que opera em um contexto social dominado de modo mais ou menos explícito pelo preconceito. A norma senatorial, graças à qual os membros da nobreza milanesa desenvolvem a função de "protetores dos encarcerados", reconhece implicitamente que a origem da transgressão está na desproporção econômica entre as classes e os grupos que concorrem para dar uma aparência operativa à unidade institucional. Na realidade, os membros das classes sociais superiores tomam consciência dos males sociais nas condições liminares que são próprias da ação judicativa do Estado. A tentação de delinear uma antropologia que dependa das condições ambientais, e vice-versa, um *habitat* social diferenciado devido às diferenças econômicas de seus habitantes – destinada a influenciar o totalitarismo dos anos vinte e trinta deste século – faz com que todas aquelas tentativas de renovação consideradas eficazes como contrapartida de uma repartição mais justa dos recursos humanos e uma utilização mais adequada das energias individuais se tornem, no mínimo, problemáticas.

As pressões – explícitas ou implícitas – da autoridade constituída, concebidas para fazer os acusados confessarem suas culpas, cometidas ou não, com base, freqüentemente, em uma denúncia anônima, desembocam na tortura. A justiça configura-se como um instrumento da ordem política e institucional que visa não só a eliminar as eventuais agitações sociais, mas também a perseguir os objetivos daqueles que se configuram como forças subversivas ou, de alguma maneira, marginalizadas do consórcio comunitário. A justiça opera em função do *statu quo* ao invés de agir para tornar efetiva aquela dinâmica social que permite aplicar, de maneira mais profícua, as energias operantes e ativar as energias latentes, permitindo, justamente, uma utilização mais justa dos instrumentos normativos capazes de assegurar um metabolismo comunitário renovado.

Em tal contexto moral, a pena de morte constitui um “remédio” necessário para evitar a subversão das instituições existentes. A arbitrariedade e a incerteza nascem dos fundamentos de uma ordenação política que considera a expressão do pensamento individual um atentado à convivência civil. "E a consciência humana", escreve Rodolfo Mondolfo, "tornava-se assim pervertida e embrutecida pelas mesmas leis vigentes; e essa corrupção e degradação brutal também comportavam outras penas usuais, como os açoitamentos públicos, os trabalhos forçados dos galeotes sob os chicotes dos policiais, a morte civil que se seguia a algumas condenações, privando os condenados, caso sobrevivessem, de suas faculdades humanas, e a infâmia com sua marca de mancha indelével, que lançava no caminho do aviltamento e do delito aqueles que se mostrariam desejosos de uma reabilitação."[1] A confusão dos poderes do legislador com os do juiz agrava a condição de submissão do acusado, que é obrigado a recorrer a qualquer expediente – inclusive o mais enganador – para fugir à condenação. A tensão entre o juiz e o acusado é determinada pela desconfiança recíproca, da qual deriva a incidência da pena sobre a infração

A gênese do livro de Beccaria remonta ao aceso debate da época sobre a lei natural e sobre o direito positivo e sobre a relação existente entre os dois: a primeira é virtualmente imutável; o segundo é continuamente modificável para torná-lo o mais adequado possível às exigências da dinâmica social. As modificações deste último, todavia, não podem destoar dos fundamentos da lei natural, que se inspira em um princípio defensor da ordenação genética da humanidade. A controvérsia doutrinária está na diferença de objetivos que a lei natural e o direito positivo professam: a primeira defende uma convicção; o segundo legitima a ação, que é obviamente o resultado de

....

1. Rodolfo Mondolfo, *Cesare Beccaria y su obra*, Depalma, Buenos Aires, 1956, p. 23.

uma interação de interesses. A primeira postula um princípio salvífico da humanidade; o segundo, um critério optativo que torne os preceitos comportamentais e seus códigos interpretativos condizentes com as expectativas do maior número possível de sujeitos. As pessoas e os indivíduos agem em dois planos, que, apesar de manifestarem uma interferência recíproca, são dotados de certa autonomia e até mesmo de uma particular teleologia. Apesar disso, pode-se encontrar tanto em uma quanto na outra ordenação conceptual uma linha de inferência ou interjeição que justifica a proclamação do direito do cidadão como responsável pela ação social.

Ao conflito latente em ato do estado natural, descrito por Thomas Hobbes no *Leviatã*, contrapõe-se uma exigência de segurança que visa a encontrar o sufrágio do acordo para que seja durável e continuamente sujeito a verificações. A doutrina pactual do Estado – à qual adere Beccaria – baseia-se no pressuposto de que o indivíduo prefere à plena, mas virtual liberdade natural, a liberdade política, que é aquela parte da liberdade natural garantida pelo consenso de todos os membros (ou da *melior pars*, para usar uma expressão de Marsílio de Padova) da comunidade social. A ordenação pactual habilita cada cidadão a desempenhar o papel de ator político e lhe confere direitos e deveres que podem ser continuamente negociados – isto é, legitimados – através de debate ideológico e de consenso. "Aqui, Beccaria se apóia nos conceitos do estado de natureza e do contrato social: conceitos que ele extrai de Hobbes e de Locke, mais do que de Rousseau. O estado de natureza é para ele um estado de guerra, tal como Hobbes o havia concebido; o cansaço e a incerteza contínua que advêm dessa condição levam os indivíduos ao contrato social; este dá origem às leis (isto é, aos pactos de convivência pacífica) e à soberania da nação, que se constitui a partir das porções de liberdade natural a que renunciam os indivíduos no pacto, confiando-as ao soberano, o qual, por sua vez, deverá pô-las em segurança e tutelá-las. Esse é o conceito de Locke, bem diferente da suposição lógica da total *aliénation san reserves* à sociedade, dos direitos naturais individuais que Rousseau supõe que esteja idealmente implícita na transição da liberdade natural para a liberdade civil, tutelada pela soberania do Estado. Em Rousseau, as duas liberdades têm em comum a extensão e a área, e é por esse motivo que a liberdade e a soberania podem coincidir no cidadão; ao contrário, para Beccaria, são distintas e separadas."[2] Se a ordenação política substituísse inteiramente a ordenação natural, não haveria nenhuma diferença entre as duas a respeito do grau de asseveração e de inevitabilidade. Nem a concepção utilitarística de Jeremy Bentham, à qual Beccaria se refere entusiasticamente, constitui uma âncora de salvação: se o Estado, de fato, se empenhasse em assegurar a todos os cidadãos o máximo de felicidade (à parte o fato de que só a revolução americana reclama o direito à felicidade como um direito constitucional), não seria, por esse motivo, mais liberal do que um Estado que buscasse o mais alto grau de moralidade pública. O absolutismo e o arbítrio se justificam com a filosofia dos êxitos, com a doutrina dos resultados práticos efetivamente obtidos ou obteníveis com a ação onicompreensiva do Estado.

Beccaria talvez não perceba a contradição existente entre o utilitarismo e o contratualismo porque, na fase

2. *Ibid.*, pp. 28-29.

constitutiva da nova ordenação política, a desconfiaça no respeito às regras de convivência pacífica preestabelece todas as possíveis defesas colocadas em ato pelo consórcio comunitário. A resposta imunizante ao totalitarismo é considerada uma forma de defesa natural, se bem que dificilmente possa ser contida nos limites da prevenção e da rejeição.

Nesse sentido, é plausível que – contrariamente a quanto Beccaria sustenta – a vontade geral, que não é a soma das vontades particulares, possa permitir toda forma de aberração sem, no entanto, desconsiderar o pacto social, que obriga os indivíduos a respeitarem as leis, qualquer que seja o seu conteúdo. O pacto prescinde do conteúdo da lei, que é, por sua vez, uma conseqüência histórica, o terminal de uma tradição que se consolida por impulsos de intensidade diferenciada no tempo. A lei que se refere aos princípios que tutelam a humanidade foge ao pacto porque não é dedutível de uma tendência explicitamente utilitária. A tradição testemunha um *ethos* coletivo que é o resultado de um conjunto de fatores, freqüentemente destoantes entre si, que ocorrem para tornar mais explícito o interesse da humanidade em viver no melhor dos modos possíveis (pelo menos em certo contexto e em determinado momento histórico).

3

Para Beccaria, o contratualismo serve para apoiar a condenação da pena de morte, a condenação, isto é, de uma ação efetuada pelo Estado em nome da vontade geral, que, na verdade, não pode aceder nenhuma resolução que seja lesiva à sua própria constituição. “Para Beccaria, o princípio contratual servia especialmente para fundamentar um dos argumentos aduzidos contra a pena de morte: a de que ela é injusta porque a vontade geral, não sendo mais do que porções de liberdade a que os indivíduos renunciaram no pacto, não pode ter o direito de tirar a vida de ninguém, pois, certamente, esse item não se encontra entre as porções de direito renunciadas. Argumento esse que, apesar de lhe parecer, quem sabe, o mais forte e válido, carece completamente de vigor persuasivo para quem não aceita a suposição contratualista na forma em que ele o afirma; a verdadeira força de sua argumentação, neste caso e em outros, está, ao contrário, em demonstrar como, qualquer que seja o fim que a sociedade se proponha a respeito de certas penas (por exemplo, a morte) e de certos procedimentos (a tortura), este mesmo fim tem menos possibilidade de ser conseguido por esse caminho."[3] As formas mais cruéis de aflição física e moral não comportam, na maioria das vezes, a adesão do acusado à lógica do acusador. A patologia do comportamento humano registra casos em que entre o condenado e o seu tirano se instala uma forte atração. Mas, na concepção corrente, o pagamento da pena comporta a aceitação de uma investidura que geralmente supera a informação e o conhecimento de cada um. O magistrado não pode, portanto, superar os limites da sua comparticipação no mundo, abstendo-se, ao aplicar a pena, de se sentir, dentro de alguns limites, comprometido pela responsabilidade que acomete o acusado ou até mesmo o réu confesso.

Em uma forma translata do contratualismo se poderia admitir que, sendo a responsabilidade do réu uma res-

3. *Ibid.*, p. 30.

ponsabilidade compartilhada também por todos os membros da comunidade, sua expulsão do consórcio social destitui, mesmo que em parte, a norma jurídica da legitimidade necessária para esse fim. O mal é visto como mal social – e portanto atribuível, em proporções diferentes, a todos os membros da comunidade – ou é visto como patologia do indivíduo uma vez que não é mais capaz de honrar o contrato que virtualmente estipulou com os outros atores sociais. Nesse último caso, a sociedade não se poderia revelar cruel com alguém que marginaliza a si mesmo, com um ator que oferece resistência às obrigações comunitárias. "O valor e a importância da obra de Beccaria não está, de fato, em ter demonstrado a maior verdade de um conceito filosófico particular sobre o delito ou sobre a pena: não está em ter comprovado que a concepção utilitária deve substituir todas as outras, e que se deve abandonar, por exemplo, o critério de expiação dos culpados, mantendo, em troca, o da defesa social e o da prevenção e repressão. Beccaria sustenta, certamente, essa tese; porém, a eficácia persuasiva de seu escrito está no fato de que dela resulte a seguinte conclusão: que, qualquer que seja a finalidade que se pretende propor às leis penais, quer de castigo, quer de correção, de repressão ou de prevenção, de justiça ou de utilidade e tutela social, é preciso reformar o seu sistema, abandonar os caminhos da ferocidade cruel que ataca cega e injustamente, e seguir as vias da medida proporcionada, da moderação que não necessita de contínuas exceções de perdões e condenações, da justiça livre de toda ira e que repudia qualquer arbitrariedade."[4] A ferocidade, a crueldade, o ar-

4. *Ibid.*, pp. 30-31.

bítrio são manifestações do instinto de prepotência, daquele instinto conflituante que o pacto social quer conter ou mesmo sufocar com a finalidade de garantir uma maior participação social desvinculada dos critérios de seleção de ordem elementar. De fato, em vez de se ter uma seleção baseada nas forças primárias tem-se, na evolução da espécie, a seleção baseada na sublimação das forças primárias (Einstein "pode" mais do que Carnera).

4

Em suma, a obra de Beccaria está impregnada de uma nova consciência jurídica mais do que um rigoroso princípio explicativo da lógica da não-violência. O chamado Estado de direito não resolve por si só os problemas relativos à autodeterminação individual e à inviolabilidade da pessoa física por parte de alguma autoridade se não for possível justificar, proporcionalmente, tal princípio com o interesse do Estado em salvaguardar a integridade física e moral dos seus súditos com o objetivo de garantir à comunidade, rousseaunianamente falando, a mais ampla e a mais articulada participação possível. Do conjunto combinado das contribuições individuais, a comunidade tira, historicamente, vantagens que a perseguição elimina ou não consente nem mesmo que sejam dissimuladas no pacto social.

Embora de Montesquieu em diante o debate sobre o equilíbrio dos poderes tenha sido constantemente assunto de atualidade, porque se centra na necessidade de subtrair ao legistador a tarefa de aplicar a lei e ao juiz a tarefa de formulá-la, a preocupação de assegurar uma limitação funcional coerente com a complementaridade das contribuições da ordenação comunitária comporta também o respeito à pessoa, que, genericamente falando, é a única garantia do desenvolvimento ordenado da instituição. A pessoa genérica deve ser, portanto, assegurada nos seus direitos fundamentais, que são subtraídos, precisamente em razão da abstração da generalidade, às tarefas estruturais e restritivas do Estado. "Porém, ninguém havia pensado em uma consideração sistemática do tema, na qual as razões da humanidade fossem não só afirmadas mas também corroboradas pela demonstração de que o rigor vingativo, a ferocidade, a exorbitância, a desproporção entre o fim e os meios, a rejeição ou a violação das garantias de justiça e defesa dos direitos individuais, o reinado da arbitrariedade deixada aos juízes em relação aos procedimentos e à determinação dos delitos e das penas, a falta de normas seguras e constantes, e uniformemente equilibradas... conduzem, precisamente, à direção oposta àquela meta que todos, sem embargo, quiseram alcançar, ainda que partindo das mais diversas concepções filosóficas e religiosas."[5] A afirmação segundo a qual não se previnem os delitos com a multiplicação das proibições seria carente de qualquer fundamento – inclusive no plano sociológico – se não se admitisse, contextualmente, que uma esfera de liberdade política e civil mais ampla corre o risco de se identificar justamente com a esfera natural, que a teoria contratualística aspira poder circunscrever dentro dos limites de tolerabilidade. O recurso a um certo grau de naturalidade se identifica com a liberação, mesmo que condicionada, dos instintos, de modo a torná-los coagentes da sua sublimação, justamente para alcançar os propó-

5. *Ibid.*, pp. 33.

sitos coletivos considerados por cada um dos membros da comunidade subjetivamente inatingíveis (ninguém pode construir uma central atômica, enquanto é possível, conforme demonstra Thoreau, construir uma cabana e dotá-la de características estéticas suscetíveis de serem apreendidas e difundidas como tais somente pela tecnologia contemporânea mais sofisticada).

5

Beccaria opõe à concepção catártica da pena, de inspiração platônica, a concepção utilitarística da prevenção. Esta última concepção – que visa a fundamentar o princípio da retribuição da pena – justifica-se com a pressuposição de que o réu é uma pessoa socialmente pouco integrada ou não completamente capacitada para atuar, de modo solidário, com os próprios semelhantes. Tal princípio vê na pena uma função, por assim dizer, em negativo, visto que desconsidera os fenômenos circunstanciais que provocaram a infração.

A polêmica entre Immanuel Kant e Beccaria diz respeito aos termos do problema baseado no postulado da legitimidade ou não da aplicação por parte do Estado da pena de morte. Kant considera incoerente a posição de Beccaria, o qual se diz contratualista e contrário à pena de morte. Se o Estado exprime a vontade geral e se esta é traduzida pela ordenação política e jurídica a favor da pena de morte, então a participação do culpado – considerada no entanto necessária pelo procedimento penal – deve ser interpretada como virtual e não como efetiva. O direito do Estado de salvaguardar a ordenação é, por assim dizer, interrompido pela estraneidade – mesmo que momentânea – do réu.

Embora o contrato se baseie na vontade geral, a hipótese de uma confluência contínua e geral de interesses em defesa da ordenação é considerada não real. Se fosse assim, o contrato seria válido somente em uma comunidade onde todos os membros aceitem – de acordo com o imperativo moral de Kant – punir a si mesmos se, eventualmente, cometerem uma infração da lei. O postulado kantiano implica que o réu seja juiz de si mesmo.

A doutrina de Beccaria visa a estabelecer critérios humanitários de solidariedade, uma vez que foi excluída a possibilidade de basear o princípio contratualista em uma rígida formulação da vontade geral, que preside e contempla as vontades particulares. Em outros termos, a abolição da pena de morte é considerada, entre os princípios da solidariedade, como não-homologável, eticamente falando. Qualquer instrumento repressivo, persecutório e aflitivo, que supere determinadas barreiras da defesa da comunidade como um todo, encontra sua razão de ser numa ordenação – a ordenação natural – cujos efeitos devastadores se pretende reduzir e cujas finalidades, consideradas coevas e, em determinados aspectos, concorrentes com aquelas baseadas no solidarismo, se pretender modificar.

A posição de Beccaria pode ser definida em termos humanitários e pragmáticos se se interpreta este último aspecto na acepção corrente do direito como o fator coesivo da comunidade. Nesse sentido, ele teria implicitamente corrigido a "globalidade" do pacto social em termos de uma esfera dos direitos naturais que pertencem à livre determinação dos sujeitos e de uma esfera dos direitos que os sujeitos não podem denegar a seu bel-prazer porque não os possuem com exclusividade. "Este, em sua essência, não era mais do que um princípio religioso, que reservava unicamente à divindade o direito de decretar a morte do homem, negando-o à sociedade, que não pode ter mais faculdades legítimas do que aqueles que lhe foram outorgadas no contrato, e em cujos pactos não se poderia incluir o direito à vida ou à morte, pois ele não pertence aos próprios contratantes."[6] Com base nesse princípio, o direito ratifica a sua esfera de influência deixando indene a esfera religiosa. "Porém há algo mais: ao afirmar vigorosamente em sua obra essa exigência de um estado de direito, Beccaria sentiu, mesmo que de maneira um pouco indeterminada e não sem contradição com o seu utilitarismo, que devia fundamentá-la em um princípio ético cuja expressão, mesmo sem poder ser considerada adequada de acordo com a fórmula que ele usou, podia porém indicar a modificação realizada mais tarde por uma das fórmulas kantianas do imperativo categórico."[7] Para Beccaria, a inviolabilidade da pessoa pré-constitui todo sistema jurídico de natureza garantista e influencia todo tipo de elaboração doutrinária que tenha como finalidade a obtenção de um grau de eqüidade que esteja moralmente de acordo com o decurso dos tempos. Beccaria preconiza o advento de uma sociedade menos ímpia do que aquela na qual vive, porque tendencialmente mais eqüitativa. O fator econômico tende a influenciar e a disciplinar, dentro de certos limites, a elaboração da ordenação jurídica para torná-la mais adequada

6. *Ibid.*, pp. 44.
7. *Ibid.*, pp. 46.

às exigências cada vez mais diferenciadas e policêntricas da sociedade moderna. O pensamento de Beccaria tende a eliminar o preconceito de tipo elitista a respeito da destinação natural do réu à sua contradição genética para resgatá-lo em um contexto socialmente evoluído que visa à mobilização de todas as energias que o compõem, inclusive aquelas tendencialmente transgressivas. "Para tanto, as leis, ao determinarem as normas para a conduta recíproca dos homens, devem inspirar-se no princípio de que o homem deve ser sempre tratado como pessoa e nunca como coisa, isto é, sempre como fim e nunca como meio. Isso coincide com o que Kant escreve no mesmo capítulo da *Metafísica dos costumes...*"[8] A inibição do cidadão em relação às leis é dedutível, portanto, de acordo com Beccaria, da convicção – difundida pelo iluminismo – de que a ação individual possa conciliar-se com a coletiva, segundo interesses tendencialmente concorrentes. A estraneidade do indivíduo que delinqüe em relação à coletividade é uma anomalia do sistema que o próprio sistema deve corrigir. Para modificar a tendência transgressiva do indivíduo, é necessário rever os mecanismos participativos e dispositivos que os induziram a agir para obter determinados resultados que, de outra forma, não seria possível alcançar. A proibição implícita na estrutura do Estado em relação a alguns sujeitos provoca neles a transgressão: o réu de uma culpa, mesmo se confesso, tende sempre a individuar as causas externas à sua vontade ou que a condicionaram como prova da existência de um sistema de fatores do qual ele é parte muitas vezes negligenciada ou desdenhada em suas reivindicações.

8. *Ibid.*, pp. 46-47.

6

A filantropia de Beccaria, que reflete o sistema de pensamento de Ludovico Antonio Muratori, baseia-se em uma concepção solidarista considerada de fundamental importância nos processos de transformação social. As revoluções pacíficas ou violentas realizam-se em conformidade com uma intenção que se justifica na solidariedade professada, pelo menos, pelas classes que se acham mais diretamente interessadas na mudança. "O fim que Muratori assinala a este sistema", escreve Francisco P. Laplaza, "que vigora na cidade dos homens é a felicidade pública, como se expressa no próprio título de uma de suas numerosas obras: *Della pubblica felicita, oggetto de 'buoni principi'*. (Da felicidade pública, objeto de bons princípios.)"[9] Enquanto "ciência do homem", a antropologia de Beccaria e de Muratori se contrapõe ao determinismo de tipo arcaizante, que não concede nada ou quase nada aos impulsos inovadores que são inevitáveis no decorrer da história.

A convicção de que é possível modificar o conjunto social para que os indivíduos possam tirar melhores vantagens, tanto em relação aos seus interesses individuais como em relação aos seus interesses comunitários, justifica-se com uma prática que não encontra as resistências do "maior número". A doutrina da participação política baseada na quantidade permite, pelo menos, estabelecer como condição primária um grau de conhecimentos gerais e consolidados. Reconhecer que os direitos fundamentais do cidadão são irrenunciáveis significa contex-

....

9. Francisco P. Laplaza, *Beccaria y su obra*, Istituto Italiano di Cultura. Buenos Aires, 1956, p. 13.

tualmente ampliar a base de participação e de consenso do Estado. As revoluções burguesas (a americana e a francesa) representam em toda sua dinâmica – freqüentemente dramática e dilacerante – o processo de ampliação da base social. "O *philanthropon* de Beccaria...", afirma Juan Dalma, "encontra as suas raízes nas leis atávicas do *bios* , no fenômeno da identificação em termos de empatia dos seres entre si, na admissão de um instinto de associação e de comunidade, pai também do *ethos* humano. O iluminismo estava inteiramente imbuído desse espírito de humanidade. Mas em nenhum representante do iluminismo esse espírito transformou-se em programa e bandeira, como em Beccaria. As leis inscritas no coração humano são as que fundamentam a sua tese..."[10] O humanitarismo delineia-se como um programa de ação mais do que como um estilema interpretativo das façanhas humanas. Ele reassume os conteúdos do humanismo, daquela corrente de pensamento que do fim do período medieval até o período barroco recorre aos testemunhos da Antiguidade com a dupla finalidade de torná-los acessíveis a um número maior de leitores e exegetas e de projetá-los no presente com fins edificantes.

Beccaria interpreta o humanismo em termos operativos e, portanto, dispositivos mais do que em termos de disquisição: a sua análise do mundo onde vive é claramente sufragada por uma ampla adesão espontânea que deve encontrar justificação para as suas convicções em consonância com o complexo conceitual de uma geração na trama ideológica de uma época: "... Beccaria tinha ple-

10. Juan Dalma, *Actualidad de Cesare Beccaria*, "Revista Jurídica", Universidade Nacional de Tucumán, nº 18, p. 21.

na consciência de que a sua obra era um ato, o princípio de um movimento e que, por isso, não havia tempo, tampouco tinha importância a documentação documentada, erudita e científica de sua tese. O que importava era entrar em cena, fazer."[11] A prática exerce uma sugestão inédita, porque efetivamente modifica as relações existentes entre os atores sociais e os desvincula das chamadas ligações históricas, com o objetivo de torná-los mais perspicazes e produtivos. Por essa razão se fala do anti-historicismo de Beccaria e da sua parca consideração pelo direito romano e pelo direito germânico, isto é, pelas ordenações consolidadas. Mas o anti-historicismo de Beccaria é, por assim dizer, estratégico, porque tende a conferir certo otimismo aos ventos de entusiasmo que sopram na América e na Europa nos últimos decênios do século XVIII. "Estamos aqui no plano do jusnaturalismo, um pouco apocalíptico, que acredita, como Rousseau, na existência dessa época áurea, *que vindice nullo, fidem rectumque colebat,* onde as pessoas estavam, *sine vindice, tuti,* seguras mesmo sem a ameaça da lei intimidatória, como se lê nos versos imortais das *Metamorfoses* de Ovídio. Como todos os grandes movimentos reformadores, este, o do iluminismo, também faz tábua rasa dos antecedentes históricos, isto é, é eminentemente anti-historicista..."[12] Nos 42 capítulos do livro *Dos delitos e das penas* são examinados, de fato, todos os temas que a argumentação geral considera coerentes.

De fato, o conjunto da obra leva em consideração as fontes inspiradoras, mas a ponto de fazer abstração da

11. *Ivi.*
12. *Ibid.*, p. 22.

idéia fundamental na qual reside a sua originalidade: recusar os condicionamentos doutrinários, tanto de tipo naturalista como de tipo historicista, em benefício de uma imperfeita conciliação de ambos, uma conciliação considerada necessária e funcional: origem da pena e interpretação da lei; formulação e modalidade de emprego dos indícios, das acusações, dos interrogatórios, das prescrições; respeito pela segurança pessoal; critérios de elaboração e explicação das provas. A relação entre delito e pena subjaz, enfim, à realização do *ethos*, da honra e dos "valores" que interagem nas sociedades complexas.

Como compêndio de elementos jurídicos e de referências históricas, a obra de Beccaria pode ser considerada um ponto de referência para as elaborações que o mundo moderno considera, ao mesmo tempo, inevitáveis e problemáticas.

Riccardo Campa

Cronologia

Cesare Beccaria e sua época

1738. Em 15 de março, nasce em Milão Cesare Bonesana Beccaria, filho de Giovanni Saverio e Maria dei Visconti di Saliceto.
1740. Morre Giambattista Vico; nasce Herder.
1746. Entra no Collegio Farnesiano de Parma. Diderot é convidado a traduzir a *Cyclopaedia* de Chambers.
1748. Montesquieu: *Do espírito das leis.*
1750. Morre J. S. Bach; Montesquieu: *Defesa do espírito das leis.*
1753. Morre Berkeley.
1755. Morre Montesquieu, aos 66 anos.
1756. Início da Guerra dos Sete Anos.
1757. Rousseau: *Emílio.*
1758. Beccaria forma-se em direito na Universidade de Pavia; Voltaire: *Cândido.*
1760. Diderot: *A religiosa.*
1761. Casa-se com Teresa Blasco, contra a vontade de sua família, com quem rompe relações. Desse casamento nascem duas filhas, uma das quais virá a ser mãe de Alessandro Manzoni.
1762. Reconcilia-se com a família. Participa da recém-fundada Accademia dei Pugni, fundada pelo conde

Pietro Verri. Publica seu primeiro trabalho, *Da desordem e dos remédios das moedas no Estado de Milão no ano de 1762*. Nasce Fichte.

1763. Por sugestão de Pietro Verri, começa a dedicar-se a um estudo crítico sobre a legislação penal.

1764. Publicação de *Dos delitos e das penas*, que agita o panorama intelectual europeu. Em Milão, tem início a publicação do jornal *Il Caffè*, de propriedade dos irmãos Verri, onde Beccaria publicará vários artigos. Rousseau escreve as *Confissões*.

1766. Publicada a tradução francesa de *Dos delitos e das penas*, feita por André Morellet. Beccaria viaja a Paris em companhia de Alessandro Verri, mas permanece pouco tempo ali. É convidado por Catarina II da Rússia para participar em S. Petersburgo da elaboração do novo código penal russo, mas não aceita.

1768. Assume a cátedra de administração e ciência das finanças na Scuole Palatine de Milão.

1769. Nasce Napoleão Bonaparte.

1770. Publica a primeira parte das *Investigações acerca da natureza do estilo,* que jamais serão terminadas. Nascem Beethoven, Hoelderlin e Hegel. Pietro Verri começa a redação de *Observações sobre a tortura.*

1771. É convidado a participar do Supremo Conselho de Economia.

1773. Pietro Verri: *Discurso sobre a índole do prazer e da dor.*

1774. Morre Teresa Blasco, sua primeira esposa; casa-se com Anna Barbò.

1775. Início da Guerra de Independência americana.

1776. Adam Smith: *A riqueza das nações;* morre David Hume; nasce Avogadro.
1778. Torna-se magistrado provincial e membro da delegação para a reforma das moedas. Morrem Rousseau e Voltaire.
1780. *Redige* Da redução das medidas de comprimento à uniformidade no Estado de Milão.
1781. Kant: *Crítica da razão pura.*
1782. Casamento da filha Giullia com Pietro Manzoni, união incentivada por Beccaria e que não seria feliz.
1784. Morre Diderot.
1785. *Nasce Alessandro Manzoni, primeiro neto de Beccaria e um dos maiores escritores italianos.* Kant: Fundamentação da metafísica dos costumes.
1791. "Breves reflexões acerca do código geral sobre os delitos e as penas no que diz respeito aos delitos políticos."
1794. *Morre de um ataque de apoplexia em 28 de novembro, aos 56 anos.*

DOS DELITOS
E DAS PENAS

In rebus quibuscumque difficilioribus non expectandum, ut quis simul, et serat, et metat, sed praeparatione opus est, ut per gradus maturescant.

BACON, *Serm. fidel.*, n. XLV*.

* "Em todas as coisas, e especialmente nas mais difíceis, não devemos esperar semear e colher ao mesmo tempo, mas é necessária uma lenta preparação para que elas amadureçam gradativamente."

Ao Leitor

Alguns fragmentos das leis de um antigo povo conquistador, compilados por ordem de um príncipe que há doze séculos reinava em Constantinopla, mais tarde mesclados a ritos longobardos e perdidos em meio a confusos alfarrábios de privados e obscuros intérpretes, formam aquela tradição de opiniões que, entretanto, em grande parte da Europa recebe o nome de leis; e é tão funesto quanto comum que ainda hoje uma opinião de Carpzow, um antigo uso assinalado por Claro, uma tortura sugerida por Farinaccio com irada satisfação, sejam as leis às quais obedecem, resolutos, aqueles que deveriam reger, tremendo, a vida e os destinos dos homens. Essas leis, seqüelas dos séculos mais bárbaros, são examinadas nesta obra sob o aspecto que interessa o sistema criminal, e se ousa expor suas desordens aos responsáveis pela felicidade pública, num estilo que afastará o vulgo não esclarecido e impaciente. A busca ingênua de verdade, a independência com respeito às opiniões vulgares com que esta obra foi escrita são efeito do governo iluminado e benevolente sob o qual vive o autor. Os grandes monarcas, os benfeitores da humanidade que nos regem, amam as verdades expostas pelo obscuro filósofo com aquele não-fanático vigor, só detestado[1] por quem, rechaçado pela razão, lança mão da força ou da indústria; e as desordens presentes, ao exame atento de todas as circunstâncias, são objeto da sátira e da censura dos tempos passados, e não deste século e de seus legisladores.

Quem quiser honrar-me com suas críticas, comece pois por bem compreender o fim a que esta obra se destina; longe de diminuir a legítima autoridade, meu escopo é o de contribuir para engrandecê-la, caso a opinião tenha sobre os homens mais poder do que a força, e a humanidade e a benevolência justifiquem tal autoridade aos olhos de todos. As críticas mal-intencionadas publicadas contra este livro apóiam-se em noções confusas e me obrigam a interromper por um instante os meus raciocínios com os leitores esclarecidos, para acabar de uma vez para sempre com toda a possibilidade de erro de um zelo temeroso ou com as calúnias da inveja malévola.

São três as fontes de onde derivam os princípios morais e políticos reguladores dos homens. A revelação, a lei natural, as convenções factícias da sociedade. Não há comparação entre a primeira e as outras quanto à sua finalidade principal, mas as três se assemelham por conduzirem à felicidade nesta vida mortal. Considerar as relações da última não significa excluir as relações das duas primeiras: na verdade, assim como aquelas, embora divinas e imutáveis, foram, por culpa dos homens, alteradas de mil maneiras em suas mentes depravadas pelas falsas religiões e pelas noções arbitrárias de vício e virtude,

1. Algumas edições trazem *destato* (despertado) em lugar de *detestato*, dando margem a uma outra interpretação deste trecho de difícil compreensão. (N. do T.)

também parece necessário examinar, independentemente de qualquer outra consideração, aquilo que nasce de convenções puramente humanas, ou manifestas, ou supostas para a necessidade e utilidade comum; idéia essa a que deve necessariamente reportar-se toda seita e todo sistema de moral; e será sempre uma iniciativa louvável aquela que obrigue mesmo os mais arredios e incrédulos a conformar-se aos princípios que levam os homens a viver em sociedade. Há, pois, três classes distintas de virtude e de vício: a religiosa, a natural e a política. Essas três classes não devem nunca estar em contradição entre si, mas nem todas as conseqüências e deveres resultantes de uma resultam das outras. Nem tudo o que exige a revelação é exigido pela lei natural; nem tudo o que esta exige é exigido pela pura lei social: mas é importantíssimo separar o que resulta desta convenção, ou seja, dos pactos explícitos ou tácitos entre os homens, porque tal é o limite daquela força que pode exercer-se legitimamente entre homem e homem, sem um mandato especial do Ser Supremo. A idéia de virtude política pode, pois, sem desmerecimento, ser chamada variável; a da virtude natural seria sempre límpida e manifesta se a imbecilidade ou as paixões dos homens não a obscurecessem; a da virtude religiosa é sempre uma constante, porque diretamente revelada por Deus e por Ele conservada.

Seria, pois, errôneo atribuir a quem fala de convenções sociais e de suas conseqüências princípios contrários à lei natural ou à revelação, porque não é delas que fala. Seria um erro acreditar que aquele que, falando de estado de guerra antes do estado de sociedade, o tomasse no sentido hobbesiano, ou seja, o de nenhum dever e de nenhuma obrigação anterior, em vez de tomá-lo como um fato nascido da corrupção da natureza humana e da ausência de uma sanção expressa. Seria um erro acusar um escritor que considere os efeitos do pacto social, do delito de não admitir esses efeitos antes do pacto em si.

A justiça divina e a justiça natural são, por sua própria essência, imutáveis e constantes, porque a relação entre dois objetos iguais é sempre a mesma, mas a justiça humana, ou seja, a política, sendo nada mais que uma relação entre a ação e o estado variável da sociedade, pode variar à medida que aquela ação se torna necessária ou útil à sociedade, e só será bem discernida por quem analisar as relações complicadas e mutabilíssimas das combinações civis. Tão logo esses princípios essencialmente distintos venham a ser confundidos, deixará de existir a esperança de raciocinar corretamente em matéria pública. Cabe aos teólogos estabelecer as fronteiras entre o justo e o injusto quanto à malícia ou à bondade intrínseca do ato; cabe ao publicista estabelecer as relações do justo e do injusto político, ou seja, do que é útil ou danoso à sociedade; e nenhum desses objetos poderá prejudicar o outro, pois, como cada um pode ver, a virtude puramente política deve ceder à imutável virtude emanada de Deus.

Aquele que desejar honrar-me com suas críticas, repito, não comece, pois, supondo em mim a existência de princípios destruidores da virtude ou da religião, pois demonstrarei não serem tais os meus princípios, e, ao invés de achar-me um incrédulo ou um sedicioso, tente ver em mim um mau lógico ou um político sem traquejo; que ele não estremeça a cada proposta que sustenta os interesses da humanidade; que me convença da inutilidade ou do dano político que poderia resultar dos meus princípios e me mostre a vantagem dos costumes recebidos. Dei um testemunho público da minha religião e da submissão ao meu soberano na resposta às *"Note ed osservazioni"*[2], responder a outros escritos semelhantes àqueles seria supérfluo, mas quem quer que escreva com aquela decência que convém a homens de bem e com tais lumes, que me eximam de provar os primeiros princípios, seja qual for sua natureza, encontrará em mim mais do que homem que tenta responder, um pacífico amante da verdade.

2. Referência à obra dos irmãos Pietro e Alessandro Verri, *Resposta a um texto chamado Notas e observações sobre o livro Dos delitos e das penas*, que defende o livro de Beccaria dos ataques de Facchinei e que foi publicada em 1765.

Introdução

Os homens geralmente abandonam as minhas importantes resoluções à prudência cotidiana ou à discrição daquelas cujo interesse é opor-se às leis mais sábias; estas, por natureza, tornam as vantagens universais e resistem às pressões que levam a privilegiar a poucos, separando de um lado o máximo de poder e felicidade e, do outro, toda a fraqueza e miséria. Por isso, só após ter passado por mil erros nas coisas essenciais à vida e à liberdade, cansados dos males sofridos e no extremo de suas forças, dispõem-se eles a remediar as desordens que os oprimem e a reconhecer as verdades mais palpáveis, as quais, por sua simplicidade mesma, escapam às mentes vulgares, não habituadas a analisar os objetos, mas a captar suas impressões como um todo, antes por tradição que por exame.

Consultemos a história e veremos que as leis, que são ou deveriam ser pactos entre homens livres, não passaram, geralmente, de instrumentos das paixões de uns poucos, ou nasceram da necessidade fortuita e passageira; jamais foram elas ditadas por um frio examinador da natureza humana, capaz de aglomerar as ações de muitos homens num só ponto e de considerá-las de um único ponto de vista: *a máxima felicidade compartilhada pela maioria*. Felizes as raras nações que não esperaram que a lenta evolução das circunstâncias e das vicissitudes humanas conduzisse ao bem após ter atingindo o mal extremo, mas que por meio de boas leis aceleraram as passagens intermediárias; e merece a gratidão dos homens o filósofo que, de seu deprezado e obscuro gabinete, teve a coragem de lançar à multidão as primeiras sementes por longo tempo infrutíferas das verdades mais úteis. Conheceram-se as verdadeiras relações entre súditos e soberanos e entre as diversas nações; prosperou o comércio à luz das verdades filosóficas, colocadas pela imprensa ao alcance de todos; deflagrou-se entre as nações uma tácita guerra de comércio, a mais humana e digna de homens sensatos. Devemos esses frutos às luzes deste século, mas pouquíssimos examinaram e combateram a crueldade das penas e as irregularidades dos procedimentos criminais, parte tão importante quão descuidada da legislação em quase toda a Europa; pouquíssimos foram os que, remontando aos princípios gerais, aniquilaram os erros acumulados durante séculos, freando ao menos, com a força que só possuem as verdades conhecidas, o curso demasiado livre do poder mal dirigido, poder esse que deu até hoje um exemplo longo e autorizado de fria atrocidade. Entretanto, o gemido dos fracos, vítimas da cruel ignorância e da rica indolência, os bárbaros tormentos, multiplicados com pródiga e inútil severidade por delitos não provados ou imaginários, a desolação e os horrores da prisão, aumentados pelo mais cruel carrasco dos miseráveis, a incerteza, tudo isso devia abalar aquela espécie de magistrados que dirigem as opiniões das mentes humanas.

O imortal Presidente Montesquieu[1] discorreu rapidamente sobre essa matéria. A verdade indivisível forçou-me a seguir as pegadas luminosas desse grande homem, mas os pensadores para os quais escrevo saberão distinguir meus passos dos dele. Feliz de mim se, como ele, puder obter os secretos agradecimentos dos obscuros e pacíficos adeptos da razão e se puder inspirar o doce frêmito com o qual as almas sensíveis respondem a quem defende os interesses da humanidade!

I. Origem das Penas

As leis são condições sob as quais homens independentes e isolados se uniram em sociedade, cansados de viver em contínuo estado de guerra e de gozar de uma liberdade inútil pela incerteza de sua conservação. Parte dessa liberdade foi por eles sacrificada para poderem gozar o restante com segurança e tranqüilidade. A soma dessas porções de liberdade sacrificada ao bem comum forma a soberania de uma nação e o soberano é o seu legítimo depositário e administrador. Mas não bastava constituir esse depósito, havia que defendê-lo das usurpações privadas de cada homem em particular, o qual sempre tenta não apenas retirar do depósito a porção que lhe cabe, mas também apoderar-se daquela dos outros. Faziam-se necessários motivos sensíveis suficientes para dissuadir o espírito despótico de cada homem de novamente mergulhar as leis da sociedade no antigo caos. Esses motivos sensíveis são as penas estabelecidas contra os infratores das leis. Digo *motivos sensíveis* porque a ex-

1. Montesquieu foi presidente do parlamento de Bordeaux.

periência mostrou que a multidão não adota princípios estáveis de conduta, nem se afasta daquele princípio universal de dissolução que é observado no universo físico e moral, senão por motivos que afetam de imediato os sentidos e que se assomam de contínuo à mente para contrabalançar as fortes impressões das paixões parciais que se opõem ao bem universal: nem a eloqüência, nem a declamação, nem mesmo as mais sublimes verdades bastaram para refrear por longo tempo as paixões suscitadas pelo vivo impacto dos objetos presentes.

II. Direito de Punir

Toda pena que não derive da necessidade absoluta, diz o grande Montesquieu, é tirânica; proposição essa que pode ser assim generalizada: todo ato de autoridade de homem para homem que não derive da necessidade absoluta é tirânico. Eis, então, sobre o que se funda o direito do soberano de punir os delitos: sobre a necessidade de defender o depósito do bem comum das usurpações particulares; e tanto mais justas são as penas quanto mais sagrada e inviolável é a segurança e maior a liberdade que o soberano garante aos súditos. Consultemos o coração humano e nele encontraremos os princípios fundamentais do verdadeiro direito do soberano de punir os delitos, já que não é de esperar nenhuma vantagem duradoura da política moral se ela não se alicerçar nos sentimentos indeléveis do homem. Qualquer lei que deles se desvie encontrará sempre uma resistência contrária que acabará vencendo, da mesma forma que uma força, por menor que seja, mas aplicada continuamente, vencerá qualquer movimento transmitido com violência a um corpo.

Nenhum homem entregou gratuitamente parte da própria liberdade visando ao bem comum; essa quimera só existe nos romances. Se fosse possível, cada um de nós desejaria que os pactos que vinculam os outros não nos vinculassem; cada homem faz de si o centro de todas as combinações do globo. O que reuniu os primeiros selvagens foi a multiplicação da espécie humana, pequena por si só, mas muito superior aos meios que a natureza estéril e abandonada oferecia para satisfazer as necessidades que cada vez mais se entrecruzavam. As primeiras uniões formaram necessariamente outras para resistir àquelas e, assim, o estado de guerra se transferiu do indivíduo para as nações.

Foi, portanto, a necessidade que constrangeu os homens a cederem parte da própria liberdade: é certo, pois, que cada um só quer colocar no depósito público a mínima porção possível, apenas a que baste para induzir os outros a defendê-lo. A agregação dessas mínimas porções possíveis forma o direito de punir, tudo o mais é abuso e não justiça, é fato, mas não é direito. Observem que a palavra *direito* não contradiz a palavra *força*, mas a primeira é antes uma modificação da segunda, isto é, a modificação mais útil à maioria. E por justiça eu não entendo mais que o vínculo necessário para manter unidos os interesses particulares, que, do contrário, se dissolveriam no antigo estado de insociabilidade; todas as penas que ultrapassem a necessidade de conservar esse vínculo são injustas por sua própria natureza. É necessário evitar associar à palavra justiça a idéia de algo real, como uma força física ou um ser vivo; ela é uma simples maneira de conceber dos homens, que influencia infinitamente a felicidade de cada um; tampouco me refiro àquele tipo de justiça, a que emana de Deus e que tem relações imediatas com as penas e recompensas da vida por vir.

III. Conseqüências

A primeira conseqüência desses princípios é que só as leis podem decretar as penas dos delitos, e esta autoridade só pode residir no legislador, que representa toda a sociedade unida por um contrato social; nenhum magistrado (que é parte da sociedade) pode, com justiça, infligir penas contra outro membro dessa mesma sociedade. Mas uma pena superior ao limite fixado pelas leis corresponde à pena justa mais uma outra pena; portanto, um magistrado não pode, sob qualquer pretexto de zelo ou bem comum, aumentar a pena estabelecida para um cidadão deliqüente.

A segunda conseqüência é que se cada membro em particular está ligado à sociedade, essa sociedade está igualmente ligada a cada um de seus membros por um contrato que, por sua natureza, obriga ambas as partes. Essa obrigação, que desce do trono até a choupana e liga igualmente o mais poderoso e o mais miserável dos homens, nada mais significa senão que é do interesse de todos observar os pactos úteis à maioria. A violação, mesmo de um único pacto, começa a autorizar a anarquia[1]. O soberano, que representa a própria sociedade, só pode

1. O termo *obrigação* é um daqueles muito mais freqüentes em moral do que em qualquer outra ciência, e que são um signo abreviado de um raciocínio e não de uma idéia; procurai uma idéia que responda à palavra *obrigação* e não a encontrareis; fazei um raciocínio, e compreendereis a vós mesmos e sereis compreendidos.

fazer leis gerais que obriguem a todos os membros, mas não pode julgar se um deles violou o contrato social, pois então a nação se dividiria em duas partes: uma representada pelo soberano, que afirmaria a violação do contrato, e a outra, pelo acusado, que a negaria. É pois necessário que um terceiro julgue a verdade do fato. Eis, então, a necessidade de um magistrado cujas sentenças sejam inapeláveis e consistam em meras asserções ou negações de fatos particulares.

A terceira conseqüência é esta: ainda que se provasse que a atrocidade das penas, não sendo imediatamente oposta ao bem comum e ao próprio fim de impedir os delitos, fosse apenas inútil, ela seria, ainda assim, contrária não só às virtudes benéficas geradas por uma razão esclarecida, que prefere comandar homens felizes a um rebanho de escravos em meio aos quais circulasse perenemente uma crueldade temerosa, mas seria contrária também à justiça e à natureza do próprio contrato social.

IV. Interpretação das Leis

Quarta conseqüência. Nem mesmo a autoridade de interpretar as leis penais pode caber aos juízes criminais, pela própria razão de não serem eles legisladores. Os juízes não receberam as leis dos nossos antepassados como uma tradição doméstica nem como um testamento que só deixasse à posteridade a tarefa de obedecer, mas recebem-nas da sociedade viva ou do soberano que a representa como legítimo depositário do resultado atual da vontade de todos; não as recebem como obrigações de um antigo juramento, nulo, por ligar vontades inexistentes, iníquo, por reduzir os homens do estado de sociedade ao de rebanho, mas como efeito de um juramento tácito ou expresso que as vontades reunidas dos súditos vivos fizeram ao soberano, como vínculos necessários para frear e reger a agitação intestina dos interesses particulares. Essa é a autoridade física e real das leis. Quem será então o legítimo intérprete da lei? O soberano, isto é, o depositário das vontades atuais de todos, ou o juiz, cujo ofício é apenas examinar se um determinado homem cometeu ou não uma ação contrária às leis?

Em cada delito, o juiz deve formular um silogismo perfeito: a premissa maior deve ser a lei geral; a menor, a ação em conformidade ou não com a lei: a conseqüência, a liberdade ou a pena. Quando o juiz for coagido, ou quiser formular mesmo que só dois silogismos, estará aberta a porta à incerteza.

Nada é mais perigoso do que o axioma comum de que é necessário consultar o espírito da lei. É como romper um dique à torrente das opiniões. Esta verdade, paradoxal às mentes vulgares mais abaladas por uma pequena desordem de momento que pelas conseqüências funestas, mas remotas, que nascem de um falso princípio enraizado numa nação, parece-me demonstrada. Todos os nossos conhecimentos e as nossas idéias estão conectadas reciprocamente; quanto mais complicados, mais numerosos são os caminhos que até eles chegam e deles partem. Cada homem tem o seu ponto de vista; o mesmo homem, em épocas diferentes tem pontos de vista diferentes. O espírito da lei seria, portanto, o resultado da boa ou da má lógica de um juiz, de uma digestão fácil ou difícil; dependeria da violência de suas paixões, da fraqueza de quem sofre, das relações do juiz com o ofendido e de todas aquelas mínimas forças que mudam as aparências de cada objeto no espírito flutuante do homem. Vemos, pois, a sorte de um cidadão mudar muitas vezes em sua passagem por diversos tribunais, e a vida dos miseráveis ser a vítima dos falsos raciocínios ou das variações ocasionais de humor de um juiz, o qual toma como interpretação legítima o vago resultado de toda uma série de noções confusas que se agitam em sua mente. Vemos, pois, os mesmos delitos punidos de forma diferente em épocas diferentes pelo mesmo tribunal, por ele ter consultado não a voz imutável e constante da lei, mas a instabilidade errante das interpretações.

A desordem que nasce da obediência rigorosa à letra de uma lei penal não pode ser comparada às desordens que nascem de sua interpretação. Tal momentâneo inconveniente pode levar à correção fácil e necessária dos termos da lei, que são a causa da incerteza, mas impede o fatal abuso da razão, do qual nascem as controvérsias arbitrárias e venais. Quando um código de leis fixas, que devem ser observadas à risca, não deixa ao juiz outra incumbência senão a de examinar os atos dos cidadãos e de julgá-los conformes ou não à lei escrita; quando a norma do justo e do injusto, que deve conduzir os atos tanto do cidadão ignorante como do filósofo, não é uma questão de controvérsia, mas de fato, então os súditos não estão sujeitos às pequenas tiranias de muitos, tanto mais cruéis quanto menor a distância entre quem sofre e quem faz sofrer, mais fatais do que as tiranias de um só, porque somente o despotismo de um pode corrigir o despotismo de muitos e a crueldade de um déspota é proporcional não à força, mas aos obstáculos. Dessa forma, os cidadãos adquirem aquela segurança de si, que é justa por ser o objetivo pelo qual os homens vivem em sociedade e é útil por habilitá-los a calcular exatamente os inconvenientes de um delito. É verdade, outrossim, que irão adquirir um espírito de independência, que, no entanto, não sacudirá as leis, nem será recalcitrante aos magistrados supremos, mas resistirá aos que ousarem chamar com o sagrado nome de virtude a fraqueza de ceder às próprias opiniões, interessadas ou caprichosas. Esses princípios desagradarão a todos os que se deram o direito de transmitir aos inferiores os golpes de tirania que recebem dos superiores. Eu deveria tudo temer se o espírito de tirania fosse compatível com o espírito de leitura.

V. A Obscuridade das Leis

Se a interpretação das leis é um mal, é evidente que outro mal é a obscuridade que essa interpretação acarreta; e ele será ainda maior se as leis forem escritas numa língua estranha ao povo e que o submeta à dependência de uns poucos, sem que possa julgar por si mesmo qual seria o êxito da sua liberdade, ou de seus semelhantes, a não ser que uma língua fizesse de um livro solene e público um outro quase privado e doméstico. Que deveremos pensar dos homens, ao ponderar que é esse o costume inveterado de boa parte da Europa culta e ilustrada? Quanto maior for o número dos que compreenderem e tiverem entre as mãos o sagrado código das leis, menos freqüentes serão os delitos, pois não há dúvida de que a ignorância e a incerteza das penas propiciam a eloqüência das paixões.

Uma conseqüência destas últimas reflexões é que, sem a escrita, uma sociedade jamais terá uma forma fixa de governo, onde a força seja um efeito do todo e não das partes e onde as leis, inalteráveis senão pela vontade geral, não se corrompam passando pela profusão dos interesses privados. A experiência e a razão mostraram-nos que a probabilidade e a certeza das tradições humanas diminuem à medida que se distanciam de sua fonte. E se não existir um monumento estável do pacto social, como poderão as leis resistir à força inevitável do tempo e das paixões?

Vemos, com isso, o quanto é útil a imprensa ao fazer do público, e não apenas de alguns poucos, o depositário das leis sagradas; e o quanto se dissipou o espírito tenebroso de cabala e de intriga que desaparece diante das luzes e das ciências, aparentemente desprezadas por seus adeptos, mas na verdade temidas por eles. Essa é a razão pela qual vemos diminuir na Europa a atrocidade dos crimes que faziam gemer nossos ancestrais, os quais se tornavam alternadamente tiranos e escravos. Quem conhece a história dos últimos dois ou três séculos e a nossa poderá ver como no seio do luxo e da indolência nasceram as mais doces virtudes, a humanidade, a benevolência e a tolerância para com os erros humanos. Verá quais foram os efeitos das que erroneamente chamamos boa-fé e antiga simplicidade: a humanidade gemendo sob a implacável superstição, a avareza, a ambição de alguns tingindo de sangue humano os cofres de ouro e os tronos dos reis, as tradições secretas e os massacres públicos, os nobres tiranizando a plebe, os ministros da verdade evangélica sujando de sangue as mãos que todos os dias tocavam o Deus da mansuetude. Estas não são obras deste século iluminado a que alguns chamam corrupto.

VI. Proporção entre os Delitos e as Penas

Não só é interesse comum que não sejam cometidos delitos, mas também que eles sejam tanto mais raros quanto maior o mal que causam à sociedade. Portanto, devem ser mais fortes os obstáculos que afastam os homens dos delitos na medida em que estes são contrários ao bem comum e na medida dos impulsos que os levam a delinqüir. Deve haver, pois, uma proporção entre os delitos e as penas.

É impossível prevenir todas as desordens no embate universal das paixões humanas. Crescem aquelas na razão geométrica da população e do entrelaçamento dos interesses particulares, que não é possível direcionar geometricamente para a utilidade pública. Na aritmética política, deve-se substituir a exatidão matemática pelo cálculo das probabilidades. Se lançarmos um olhar para a história, veremos crescer as desordens com a extensão dos impérios, e arrefecer o sentimento nacional na mesma proporção. Assim, a tendência aos delitos cresce na razão do interesse que cada um tem nas desordens mesmas: por esse motivo, a necessidade de agravar as penas vai cada vez mais aumentando.

Essa força semelhante à gravidade, que nos impele ao bem-estar, só pode ser contida na medida dos obstáculos que se lhe opõem. Os efeitos dessa força são a série confusa das ações humanas: se elas se entrechocam e se ferem, as penas, a que eu chamaria *obstáculos políticos* impedem seu efeito nocivo sem destruir a causa propulsora que é a própria sensibilidade inseparável do homem; e o legislador age como o hábil arquiteto cujo ofício é opor-se às diretrizes destrutivas da gravidade e fazer colaborar aquelas que contribuem para a solidez do edifício.

Dada a necessidade de os homens se unirem, dados os pactos que necessariamente resultam da própria oposição dos interesses privados, forma-se uma escala de desordens, cujo primeiro grau consiste naquelas que destroem imediatamente a sociedade, e o último, na mínima injustiça possível feita a um dos seus membros privados. Entre esses extremos se encontram todas as ações opostas ao bem comum, que se chamam de delitos e vão decrescendo, por graus imperceptíveis, do mais grave ao mais insignificante. Se fosse possível adaptar a geometria às combinações infinitas e obscuras das ações humanas, deveria existir uma escala correspondente de penas, indo da mais forte à mais fraca: mas bastará ao sábio legislador marcar os pontos principais, sem alterar a ordem, não decretando para os delitos de primeiro grau as penas do último. Se existisse uma escala exata e universal de penas e de delitos, teríamos uma medida provável e comum dos graus de tirania e de liberdade, do fundo de humanidade ou de maldade das diversas nações.

Toda ação que não esteja compreendida entre os dois limites acima mencionados não pode ser chamada *delito*, nem punida como tal, a não ser por aqueles que têm interesse em assim denominá-la. A incerteza desses limites produziu nas nações uma moral que contradiz a legislação; legislações mais atuais que se excluem reciprocamente e uma profusão de leis que submetem o mais sábio às penas mais rigorosas; assim, se tornaram vagas e flutuantes as palavras *vício* e *virtude*; assim, nasceu a incerteza da própria existência, o que produz a letargia e o sono fatal nos corpos políticos. Aquele que ler sob uma ótica filosófica os códigos das nações e os seus anais, verá quase sempre as palavras *vício* e *virtude*, *bom cidadão* ou *réu* mudar com as revoluções dos séculos, não em razão das mutações ocorridas nas circunstâncias dos países, e, por isso, sempre conformes ao interesse comum, mas em razão das paixões e dos erros que agitaram sucessivamente os diversos legisladores. Verá freqüentemente que as paixões de um século são a base moral dos séculos futuros; que as paixões fortes, filhas do fanatismo e do entusiasmo, enfraquecidas e corroídas, diria eu, pelo tempo, que reduz ao equilíbrio todos os fenômenos físicos e morais, tornam-se pouco a pouco a prudência do século e um instrumento útil nas mãos dos fortes e dos sagazes. Desse modo, nasceram as obscuras noções de honra e de virtude, e tais elas são porque mudam com as revoluções do tempo, que faz sobreviver os nomes às coisas, mudam com os rios e com as montanhas, que marcam freqüentemente os limites não só da geografia física, mas também da geografia moral.

Se o prazer e a dor são a força motora dos seres sensíveis, se entre os motivos que impelem os homens às ações mais sublimes foram colocados pelo Legislador invisível o prêmio e o castigo, a distribuição desigual destes produzirá a contradição, tanto menos evidente quanto mais é comum, de que as penas punem os delitos que fizeram nascer. Se uma pena igual é destinada a dois delitos que ofendem desigualmente a sociedade, os homens não encontrarão um obstáculo forte o suficiente para não cometer um delito maior, se dele resultar uma vantagem maior.

VII. Erros na Medida das Penas

As reflexões que precedem dão-me o direito de afirmar que a única e verdadeira medida dos delitos é o dano provocado à nação, e por isso erraram aqueles que pensavam ser a real medida dos delitos a intenção de quem os comete. Esta depende da impressão atual dos objetos e do estado de espírito anterior: elas variam em todos os indivíduos, e em cada um, com a rapidíssima sucessão das idéias, das paixões e das circunstâncias. Seria pois necessário constituir não somente um código particular para cada cidadão, mas também uma nova lei para cada delito. Às vezes os homens, com a melhor das intenções, causam o maior mal à sociedade; e outras vezes, com a maior má vontade, causam o maior bem.

Outros avaliam os delitos mais pela dignidade da pessoa ofendida que por sua importância em relação ao bem público. Se fosse essa a verdadeira medida dos delitos, uma irreverência para com o Ser dos seres deveria punir-se mais severamente do que o assassínio de um monarca, dado que a superioridade da natureza divina compensaria infinitamente a diferença da ofensa.

Finalmente, alguns cogitaram que a gravidade do pecado participasse da medida dos delitos. A falácia dessa opinião saltará aos olhos de um examinador imparcial das verdadeiras relações entre os homens e entre estes e Deus. As primeiras são relações de igualdade. A necessidade, e ela só, fez nascer do choque das paixões e da oposição dos interesses a idéia da *utilidade comum*, que é a base da justiça humana; as últimas são relações de dependência de um Ser perfeito e criador, que reservou a si só o direito de legislar e julgar ao mesmo tempo, pois só Ele pode fazê-lo sem inconveniente. Se estabeleceu penas eternas para quem desobedecer à Sua onipotência, qual será o inseto que ousará suprir a justiça divina, querendo vingar o Ser que basta a si mesmo e que não pode receber dos objetos nenhuma impressão de prazer ou de dor, e que, único entre todos os seres, age sem reação? A gravidade do pecado depende da imperscrutável malícia do coração, a qual não pode ser conhecida por seres finitos, sem uma revelação. Como, pois, poderia essa malícia constituir-se em norma para a punição dos delitos? Nesse caso, poderiam os homens punir quando Deus perdoa, e perdoar quando Deus pune. Se os homens podem estar em contradição com o Onipotente ao ofendê-lo, podem também contradizê-lo ao punir.

VIII. Divisão dos Delitos

Vimos que a verdadeira medida dos delitos é *o dano causado à sociedade*. Essa é uma daquelas verdades palpáveis que, embora não precisem de quadrantes nem de telescópios para serem descobertas, e estejam ao alcance de qualquer intelecto mediano, todavia, por um admirável concurso de circunstâncias, são conhecidas firme e seguramente apenas por alguns poucos pensadores, homens de todos os países e de todos os tempos. Mas as opiniões asiáticas e as paixões vestidas de autoridade e de poder, a maioria das vezes por meio de impulsos insensíveis, outras poucas por impressões violentas sobre a temerosa credulidade dos homens, dissiparam as noções simples que formavam, talvez, a base filosófica das sociedades nascentes. Parece que a luz deste século nos reconduz a essas noções, com aquela maior firmeza, no entanto, que pode ser proporcionada por um exame geométrico, por mil experiências funestas e pelos próprios obstáculos. Ora, a ordem do discurso nos levaria a examinar e a distinguir todos os diversos tipos de delitos e a maneira de puni-los, se a natureza variável deles, pelas diversas circunstâncias ligadas aos tempos e aos lugares, não nos obrigasse ao tédio de um imenso detalhamento. Bastar-me-á indicar os princípios mais gerais e os erros mais funestos e comuns para desenganar tanto aos que, por um mal entendido amor de liberdade, almejariam introduzir a anarquia, quanto aos que desejariam reduzir os homens à regularidade de um claustro.

Alguns delitos destroem imediatamente a sociedade ou quem a representa; alguns ofendem a segurança privada de um cidadão na vida, nos bens, ou na honra; outros são ações contrárias àquilo que, por lei, cada qual é obrigado a fazer ou não fazer, em vista do bem público. Os primeiros, que são os delitos máximos porque mais danosos, são os chamados de lesa-majestade. Só a tirania e a ignorância, que confundem os vocábulos e as idéias mais claras, podem dar esse nome e, por conseguinte, a pena máxima a delitos de natureza diferente e, dessa forma, fazer dos homens, como em outras mil ocasiões, as vítimas de uma palavra. Cada delito, embora privado, ofende a sociedade, mas nem todo delito procura sua destruição imediata. As ações morais, assim como as físicas, têm sua esfera limitada de atividade e, como todos os movimentos naturais, são diferentemente circunscritas pelo tempo e pelo espaço; e só a interpretação cavilosa, que é comumente a filosofia da escravidão, pode confundir aquilo que a verdade eterna distinguiu com relações imutáveis.

Seguem-se os delitos contra a segurança individual. Sendo esse o fim primeiro de toda legítima associação, não é possível deixar de aplicar à violação do direito de segurança adquirido por todo cidadão algumas das penas mais severas cominadas pelas leis.

Cada cidadão deve ter a convicção de poder fazer tudo o que não contraria as leis, sem temer outro inconveniente além daquele que pode resultar da ação mesma; é esse o dogma político em que os povos deveriam acreditar e que os supremos magistrados deveriam apregoar com a incorrompível proteção das leis; dogma sagrado, sem o qual não pode haver uma sociedade legítima, justa recompensa pelo sacrifício, por parte dos homens, daquela ação universal sobre todas as coisas, que é comum a cada ser sensível e limitada pelas próprias forças. É isso que forma as almas livres e vigorosas e as mentes esclarecedoras; que torna os homens virtuosos, mas daquela virtude que sabe resistir ao temor, e não do gênero de prudência submissa, digna apenas de quem pode tolerar uma existência precária e incerta. Os atentados contra a segurança e a liberdade dos cidadãos constituem, pois, um dos maiores delitos, e nessa classe se incluem não apenas os assassínios e os furtos praticados por plebeus, mas também os dos grandes e dos magistrados, cuja influência age a maior distância e com maior vigor, destruindo nos súditos as idéias de justiça e de dever, substituindo-as pela do direito do mais forte, igualmente perigoso para quem o exerce e para quem o sofre.

IX. Da Honra

Há uma notável contradição entre as leis civis, guardiãs zelosas, acima de tudo, do corpo e dos bens de cada cidadão, e as leis relativas ao que se chama *honra*, a qual privilegia a opinião. A palavra *honra* é uma das que serviram de base para longos e brilhantes raciocínios, sem que estivesse associada a nenhuma idéia fixa e estável.

Triste condição das mentes humanas a de que as idéias menos importantes e mais remotas sobre as revoluções dos corpos celestes sejam conhecidas mais distintamente do que as noções morais, tão próximas a nós e tão importantes, confusas e sempre flutuantes, à mercê do vendaval das paixões que as impelem e da ignorância dirigida que as recebe e as transmite. Mas o aparente paradoxo desaparecerá ao considerar-se que, assim como os objetos demasiado próximos da vista se confundem, assim também a excessiva proximidade das idéias morais faz com que facilmente se embaralhem as múltiplas idéias simples que as compõem, confundindo as linhas de separação necessárias ao espírito geométrico que quer medir os fenômenos da sensibilidade humana. E se esvairá de todo a maravilha do observador imparcial das coisas humanas, que suspeitará que porventura tanto aparato moral e tantos liames não sejam necessários para fazer os homens felizes e seguros.

Essa *honra* é, pois, uma daquelas idéias complexas que constituem um agregado não apenas de idéias simples, mas igualmente complicadas, que, assomando-se reiteradamente ao espírito, ora admitem e ora excluem alguns dos diversos elementos que as compõem, só conservando umas poucas idéias comuns, assim como, em álgebra, várias quantidades compostas admitem um divisor comum. Para achar esse divisor comum nas várias idéias que os homens fazem da *honra*, é necessário examinar rapidamente a formação das sociedades. As primeiras leis e os primeiros magistrados nasceram da necessidade de coibir as desordens geradas pelo despotismo físico dos indivíduos; essa foi a finalidade instituidora da sociedade e esse fim primário sempre foi mantido, na realidade ou na aparência, à frente de todos os códigos, ainda que destruidores. Mas a aproximação dos homens e o progresso de seus conhecimentos deram origem a uma série infinita de ações e necessidades recíprocas sempre superiores à providência das leis e inferiores ao poder atual de cada um. Foi nessa época que começou o despotismo da opinião, que era o único meio de conseguir de outrem aqueles bens e de afastar aqueles males contra os quais as leis eram insuficientes. É a opinião que atormenta o sábio e o vulgo, que valorizou a aparência da virtude acima da virtude mesma, que converte em missionário até mesmo o celerado que nisso encontre seu interesse. Portanto, a aprovação dos homens se tornou não só útil, mas necessária para não cair abaixo do nível comum. Portanto, se o ambicioso a conquista por ser útil, se o vaidoso a mendiga como prova do seu mérito, o que vê é o homem honrado exigi-la como necessária. Essa *honra* é uma condição que grande número de homens considera indispensável à sua existência. Nascida após a formação da sociedade, ela não pôde ser colocada no depósito comum; trata-se antes de um retorno instantâneo ao estado natural e de uma subtração momentânea da própria pessoa às leis que, naquele caso, são insuficientes para a defesa do cidadão.

Portanto, quer na extrema liberdade política, quer na extrema dependência, desaparecem as idéias de *honra* ou se confundem perfeitamente com outras idéias; no primeiro caso, porque o despotismo das leis torna inútil a busca da aprovação alheia; no segundo caso, porque o despotismo dos homens, anulando a existência civil, os reduz a uma personalidade precária e momentânea. A *honra* é, pois, um dos princípios fundamentais daquelas monarquias que são um despotismo atenuado e, nelas, correspondem às revoluções nos estados despóticos: o retorno momentâneo ao estado de natureza e um apelo ao domínio da antiga igualdade.

X. Dos Duelos

Da necessidade da aprovação alheia nasceram os duelos privados, que tiveram precisamente sua origem na anarquia das leis. Pretende-se que fossem desconhecidas na Antiguidade, talvez porque os antigos, quando se reuniam nos templos, ou nos teatros ou com amigos, o faziam sem armas e sem desconfiança; talvez porque o duelo era um espetáculo ordinário e comum que os gladiadores escravos e envilecidos davam ao povo, e os homens livres, recusando os combates privados, afastavam a aparência e o nome de gladiadores. Em vão os éditos de morte contra quem aceitasse um duelo procuraram extirpar esse costume cujo fundamento se encontra naquilo que alguns homens temem mais que a própria morte; pois que, privado da aprovação alheia, o homem honrado se vê exposto ou a se tornar um ser meramente solitário, estado insuportável para um homem sociável, ou a tornar-se alvo dos insultos e da infâmia, que com sua ação repetida acabam superando o perigo da pena. Por que razão o povo duela menos do que os grandes? Não só por estar desarmado, mas porque a necessidade da aprovação alheia é menos comum na plebe que naqueles que, estando mais elevados, se entreolham com maior suspeita e com maior inveja.

Não é supérfluo repetir o que outros já escreveram, a saber, que o melhor método de prevenção desse delito é punir o agressor, ou seja, quem deu ocasião ao duelo, declarando inocente aquele que, sem culpa, foi obrigado a defender o que as leis atuais não asseguram, isto é, a opinião, e teve que mostrar aos seus concidadãos que, sem temer os homens, somente teme as leis.

XI. Da Tranqüilidade Pública

Finalmente, entre os delitos da terceira espécie estão particularmente aqueles que perturbam a tranqüilidade pública e o sossego dos cidadãos, como as balbúrdias e as pândegas nas vias públicas destinadas ao comércio e ao passeio dos cidadãos, como os discursos fanáticos que excitam facilmente as paixões da multidão curiosa, as quais adquirem força pela freqüência dos ouvintes e pelo entusiasmo obscuro e misterioso, mais do que pela razão clara e tranqüila, que nunca age sobre grandes massas de homens.

A noite iluminada a expensas públicas, os guardas distribuídos pelos diversos bairros da cidade, os discursos simples e morais da religião reservados ao silêncio e à tranqüilidade sagrada dos templos protegidos pela autoridade pública, as arengas destinadas a defender os interesses privados e públicos nas assembléias da nação, nos parlamentos e onde reside a majestade do soberano são todos meios eficazes para prevenir a perigosa concentração das paixões populares. Esses meios constituem um dos ramos principais da vigilância do magistrado, que os franceses chamam de *police*; mas se esse magistrado atuasse por meio de leis arbitrárias e não estabelecidas por um código circulante entre as mãos de todos os cidadãos, estaria aberta uma porta à tirania que ronda incessantemente as fronteiras da liberdade política. Eu não encontro exceção alguma ao axioma geral de que todo cidadão deve saber quando é culpado ou inocente. Se os censores e, de modo geral, os magistrados arbitrários são necessários em alguns governos, isso resulta da fraqueza de sua constituição e não da natureza bem organizada de tais governos. A incerteza do próprio destino sacrificou mais vítimas à obscura tirania, do que a pública e solene crueldade. Ela revolta os ânimos mais do que os deprime. O verdadeiro tirano começa sempre por reinar sobre a opinião, que previne a coragem, a qual só pode resplandecer ou na clara luz da verdade, ou no fogo das paixões, ou na ignorância do perigo.

Mas quais serão as penas convenientes para esses delitos? Será a morte uma pena realmente *útil* e *necessária* para a segurança e a ordem da sociedade? Serão *justos* a tortura e os suplícios, e alcançarão eles o *fim* que as leis se propõem? Qual será a melhor maneira de prevenir os delitos? Serão as mesmas penas igualmente úteis em todos os tempos? Que influência terão elas sobre os costumes? Estes problemas merecem ser resolvidos com aquela precisão geométrica à qual a névoa dos sofismas, a eloqüência sedutora e a dúvida temerosa não podem resistir. Se eu só tivesse o mérito de ter sido o primeiro a apresentar na Itália, com alguma evidência maior, aquilo que as outras nações ousaram escrever e começam a praticar, julgar-me-ia afortunado; mas se, ao defender os direitos dos homens e da verdade invencível, contribuísse para arrancar dos espasmos e das angústias da morte algumas vítimas infelizes da tirania e da ignorância, não menos fatal, as bênçãos e as lágrimas, mesmo que de um só inocente nos arroubos da alegria, me consolariam do desprezo dos homens.

XII. Finalidade das Penas

Da simples consideração das verdades até aqui expostas, resulta evidente que o fim das penas não é atormentar e afligir um ser sensível, nem desfazer um delito já cometido. É concebível que um corpo político, que, bem longe de agir por paixão, é o moderador tranqüilo das paixões particulares, possa abrigar essa inútil crueldade, instrumento do furor e do fanatismo, ou dos fracos tiranos? Poderiam os gritos de um infeliz trazer de volta do tempo sem retorno as ações já consumadas? O fim, pois, é apenas impedir que o réu cause novos danos aos seus concidadãos e dissuadir os outros de fazer o mesmo.

É, pois, necessário escolher penas e modos de infligi-las, que, guardadas as proporções, causem a impressão mais eficaz e duradoura nos espíritos dos homens, e a menos penosa no corpo do réu.

XIII. Das Testemunhas

É um ponto crucial em toda boa legislação a determinação exata da credibilidade das testemunhas e das provas do crime. Todo homem razoável, isto é, que tenha um certo nexo nas suas idéias e cujas sensações sejam conformes às dos outros homens, pode ser testemunha. A verdadeira medida da sua credibilidade é tão-somente o seu interesse em dizer ou não a verdade, razão por que resulta frívolo o argumento da fraqueza nas mulheres, pueril a aplicação dos efeitos da morte real à morte civil nos condenados, e incoerente a nota de infâmia nos infames, quando as testemunhas não tenham interesse algum em mentir. A credibilidade, pois, deve diminuir na proporção do ódio ou da amizade, ou das relações existentes entre a testemunha e o réu. É necessária mais de uma testemunha, porque enquanto uma afirmar e outra negar, nada haverá de certo, e prevalecerá o direito que cada um tem de ser considerado inocente. A credibilidade de uma testemunha torna-se tão sensivelmente menor quanto mais cresce a atrocidade do delito[1] ou a inverossimilhança; tais são, por exemplo, a magia e as ações gratuitamente cruéis. É mais provável que vários homens mintam na primeira acusação, porque é mais fácil combinar-se em muitos a ilusão da ignorância ou o ódio perseguidor, do que se exercer, por um só, um poder que Deus não deu ou retirou a toda criatura. O mesmo acontece na segunda acusação, pois que o homem só é cruel na proporção do seu próprio interesse, do ódio, ou do temor que concebeu. Não há propriamente, no homem, nenhum sentimento supérfluo; este é sempre proporcional

1. Para os criminalistas, a credibilidade de uma testemunha é tanto maior quanto mais atroz é o delito. Eis o axioma férreo ditado pela mais cruel imbecilidade: *In atrocissimis leviores coniecturae sufficiunt, et licet iudici iura transgredi*. Vamos traduzi-lo em vulgar, e os europeus verão um dos muitíssimos ditames, igualmente razoáveis, aos quais, sem o saber, estão submetidos: *Nos delitos mais atrozes, ou seja, nos menos prováveis, bastam as mais leves conjecturas, e é lícito que o juiz vá mais além do direito*. As práticas absurdas da legislação são freqüentemente produzidas pelo temor, fonte principal das contradições humanas. Os legisladores (tais são os jurisconsultos autorizados pela sorte a toda e qualquer decisão e a transformar-se, de escritores interessados e venais, em árbitros e legisladores das fortunas dos homens), amedrontados pela eventual condenação de algum inocente, sobrecarregam a jurisprudência com formalidades supérfluas e exceções, cuja observação exata levaria para o trono da justiça a impunidade anárquica; amedrontados por alguns delitos atrozes e difíceis de serem provados, acreditaram-se obrigados a ignorar as próprias formalidades que eles mesmos estabeleceram. Assim, já com despótica impaciência, já com pouco viril tremor, transformaram os julgamentos mais graves numa espécie de jogo onde o azar e o logro são os personagens principais.

ao resultado das impressões exercidas sobre os sentidos. Igualmente, a credibilidade de uma testemunha pode ser às vezes diminuída, quando ela seja membro de alguma sociedade privada cujos costumes e normas não sejam bem conhecidos ou divirjam das públicas. Tal indivíduo não só tem suas próprias paixões, mas também as alheias.

Finalmente, é quase nula a credibilidade da testemunha quando se faça das palavras um delito, pois que o tom, o gesto, tudo o que precede e o que segue as diversas idéias que os homens associam às mesmas palavras altera e modifica de tal maneira seus dizeres que é quase impossível repeti-las precisamente como foram ditas. Ademais, as ações violentas e fora do comum, como os verdadeiros delitos, deixam vestígios na quantidade das circunstâncias e nos efeitos derivados, mas as palavras só permanecem na memória quase sempre infiel e geralmente seduzida dos ouvintes. É, pois, muito mais fácil uma calúnia relativa às palavras do que às ações de um homem, já que quanto maior for o número de circunstâncias alegadas em prova de tais ações, tanto maiores serão os meios fornecidos ao réu para justificar-se.

XIV. Indícios e Formas de Julgamento

Há um teorema geral muito útil para calcular a certeza de um fato e, por exemplo, a força dos indícios de um crime. Quando as provas de um fato dependem uma da outra, isto é, quando os indícios só se provam entre si, quanto maiores forem as provas aduzidas menor será a probabilidade do fato, porque os casos que infirmassem as provas precedentes infirmariam as subseqüentes. Quando as provas de um fato dependem todas de uma só, seu número não aumenta nem diminui a probabilidade do fato, porque todo seu valor se resume ao valor da única de que dependem. Quando as provas independem umas das outras, ou seja, quando os indícios se provam por si mesmos, quanto maiores forem as provas aduzidas, mais crescerá a probabilidade do fato, pois a falácia de uma das provas não influi na outra. Falo de probabilidade em matéria de delitos que, para merecerem uma pena, devem ser dados por certos. Mas o paradoxo deixará de existir para quem considere que, rigorosamente, a certeza moral não é senão uma probabilidade, mas uma probabilidade tal que é chamada certeza, pois todo homem de bom senso a ela consente necessariamente por um hábito nascido da necessidade de agir e anterior a toda especulação; a certeza exigida para determinar a culpabilidade de um homem é, pois, a que determina cada homem nas ações mais importantes da vida. Podem-se distinguir as provas de um crime em perfeitas e imperfeitas. Chamo perfeitas as que excluem a possibilidade de alguém não ser culpado, chamo imperfeitas as que não a excluem. Das primeiras, é suficiente uma só para condenação; das outras, são necessárias tantas quantas bastem para formar uma prova perfeita, vale dizer, que, se com cada uma delas em particular é possível que alguém não seja culpado, diante de sua união no mesmo caso é impossível que não o seja. Note-se que as provas imperfeitas pelas quais o réu pode justificar-se e não o faça a contento se tornam perfeitas. Mas essa certeza moral de provas é mais fácil de ser sentida do que de ser definida. Por isso, julgo ótima a lei que indica assessores para o juiz principal por sorteio e não por escolha, pois nesse caso é mais segura a ignorância que julga pelo sentimento do que a ciência que julga pela opinião. Quando as leis são claras e precisas o ofício do juiz outro não é senão averiguar um fato. Se na busca das provas de um delito exigir-se habilidade e destreza, se na apresentação do resultado for necessária clareza e precisão, para julgar o resultado mesmo, nada mais se requer do que um simples e ordinário bom senso, menos falacioso do que o saber de um juiz habituado a querer achar culpados e que tudo resume a um sistema factício extraído dos livros. Feliz a nação cujas leis não sejam uma ciência! É utilíssima a lei que faz cada homem ser julgado pelos seus pares, pois onde entra em jogo a liberdade e a sorte de um cidadão devem calar-se os sentimentos inspirados pela desigualdade; e a superioridade com que o homem afortunado olha para o infeliz, o desdém com que o inferior olha para o superior, não podem atuar nesse juízo. Mas quando o delito for uma ofensa a um terceiro, então metade dos juízes deverão ser pares do réu, metade pares do ofendido; estando assim equilibrado todo interesse particular que modifica, mesmo que involuntariamente, a aparência dos objetos, só as leis e as verdades têm voz ativa. É ainda conforme à justiça que o réu possa excluir até certo ponto os jurados que lhe são suspeitos; e se isso lhe for concedido sem obstáculos, por algum tempo, vai parecer que o réu se condene a si próprio. Que os julgamentos sejam públicos e públicas as provas do delito, para que a opinião, que é talvez o único cimento da sociedade, ponha um freio à força e às paixões, para que o povo diga "não somos escravos e somos protegidos", sentimento esse que inspira coragem e equivale a um tributo a um soberano que conhece seus verdadeiros interesses. Não mencionarei outros pormenores e cautelas que tais instituições requerem. Nada disso teria eu dito se fosse necessário tudo dizer.

XV. Acusações Secretas

As acusações secretas constituem abusos evidentes mas consagrados e necessários em muitas nações pela fraqueza da constituição. Tal costume torna falsos e dissimulados os homens. Aquele que possa suspeitar em outrem um delator, verá nele um inimigo. Os homens acostumam-se, então, a mascarar seus sentimentos e, tendo o hábito de ocultá-los aos outros, acabam finalmente por ocultá-los a si mesmos. Infelizes aqueles que chegaram a esse ponto! Sem princípios claros e estáveis a orientá-los, erram desgarrados e à deriva no vasto mar das opiniões, sempre ocupados em salvar-se dos monstros que os ameaçam; passam o momento presente sempre amargurados pela incerteza do futuro; sem os prazeres duradouros da tranqüilidade e da segurança, só alguns deles, espalhados aqui e acolá ao longo de sua triste existência e devorados às pressas e desordenadamente, consolam-nos de ter vivido. É desses homens que faremos os intrépidos soldados defensores da pátria e do trono? Encontraremos entre eles os magistrados incorruptos que, com livre e patriótica eloqüência, sustentem e desenvolvam os verdadeiros interesses do soberano, que levem ao trono, junto com os tributos, o amor e as bênçãos de homem de todos os níveis e do trono devolvam aos palácios e às cabanas a paz, a segurança e a esperança industriosa de melhorar a sorte, fermento proveitoso e vida dos Estados?

Quem pode defender-se da calúnia quando ela se arma com o mais forte escudo da tirania, *o segredo*? Que espécie de governo é esse onde o regente suspeita ver em cada súdito um inimigo e, para assegurar o sossego público, é obrigado a tirar o sossego de cada qual?

Que motivos justificam as acusações e as penas secretas? O bem público, a segurança e a manutenção da forma de governo? Mas que estranha constituição é essa, onde quem detém a força e a opinião, ainda mais eficaz que a força, teme a cada cidadão? A incolumidade do acusador? As leis, pois, são insuficientes para defendê-lo. E haverá súditos mais fortes que o soberano! A infâmia do delator? Autoriza-se, pois, a calúnia secreta e pune-se a pública! A natureza do delito? Se as ações indiferentes, ainda que úteis ao público, forem chamadas delitos, as acusações e os julgamentos nunca serão suficientemente secretos. Pode haver delitos, isto é, ofensas públicas, mas, ao mesmo tempo, pode não ser do interesse de todos tornar público o exemplo, isto é, o julgamento? Eu respeito todos os governos, e não falo de nenhum em particular; a natureza das circunstâncias é tal, às vezes, que se pode julgar como a pior das ruínas erradicar um mal que é, na verdade, inerente ao sistema de uma nação; mas se eu tivesse que ditar novas leis em algum canto esquecido do universo, antes de autorizar essa prática, minha mão tremeria e eu veria a posterioridade toda diante dos meus olhos.

Já disse Montesquieu que as acusações públicas são mais conformes ao espírito da república – onde o bem público deveria constituir a primeira paixão dos cidadãos – que ao da monarquia, onde esse sentimento é fraquíssimo pela própria natureza do governo e onde é ótimo o procedimento de nomear comissários que, em nome de todos, acusem os infratores das leis. Mas todo governo, republicano ou monárquico, deve infligir ao caluniador a pena que caberia ao acusado.

XVI. Da Tortura

Uma crueldade que o uso consagrou na maioria das nações é a tortura do réu durante a instrução do processo, quer para forçá-lo a confessar um delito, quer por ele ter caído em contradição, quer ainda para descobrir os cúmplices, ou por quem sabe qual metafísica e incompreensível purgação da infâmia, quer, finalmente, por outros delitos de que poderia ser autor, mas dos quais não é acusado.

Um homem não pode ser chamado *culpado* antes da sentença do juiz, e a sociedade só pode retirar-lhe a proteção pública após ter decidido que ele violou os pactos por meio dos quais ela lhe foi concedida. Qual é, pois, o direito, senão o da força, que confere ao juiz o poder de aplicar uma pena a um cidadão, enquanto perdure a dúvida sobre sua culpabilidade ou inocência? Não é novo este dilema: ou o delito é certo ou incerto; se é certo, não lhe convém outra pena que não a estabelecida pelas leis, e são inúteis os tormentos, pois é inútil a confissão do réu; se é incerto, não se deve atormentar um inocente, pois é inocente, segundo as leis, um homem cujos delitos não estejam provados. Mas digo mais: é querer subverter a ordem das coisas exigir que um homem seja ao mesmo tempo acusador e acusado, que a dor se torne o cadinho da verdade, como se o critério dessa verdade residisse nos músculos ou nas fibras de um infeliz. Esse é o meio seguro de absolver os celerados vigorosos e de condenar os inocentes fracos. Eis aqui os fatais inconvenientes desse pretenso critério da verdade, digno de canibais, que os romanos, barbáros a mais de um título, reservavam tão-somente aos escravos, vítimas de uma virtude tão feroz quanto louvada.

Qual é o fim político das penas? O terror dos outros homens. Mas que juízo deveremos fazer das carnificinas secretas e privadas que um uso tirânico reserva tanto ao culpado como ao inocente? É importante que nenhum delito comprovado permaneça impune, mas é inútil investigar a autoridade de um crime sepultado nas trevas. Um mal já consumado, e para o qual não há remédio, só pode ser punido pela sociedade política para influir nos outros com a ilusão da impunidade. Se é verdade que o número dos homens que, por temor ou por virtude, respeitam as leis é superior ao dos que as infringem, o risco de se atormentar um inocente deve ser tanto mais avaliado quanto maior é a probabilidade que um homem, em condições iguais, mais as tenha respeitado que violado.

Outro ridículo motivo da tortura é o da purgação da infâmia, isto é, que um homem julgado infame pelas leis deve confirmar seu depoimento com a luxação dos seus ossos. Esse abuso não deveria ser tolerado no século XVIII. Acreditar-se que a dor, que é uma sensação, purgue a infâmia, que é uma mera relação moral. Será a dor realmente um cadinho? Será a infâmia um corpo misto impuro? Não é difícil remontar às origens dessa lei ridícula, pois os próprios absurdos adotados por uma nação inteira sempre têm alguma relação com outras idéias comuns e respeitadas pela própria nação. Esse uso parece derivar das idéias religiosas e espirituais que tanta influência exercem sobre os homens, sobre as nações e sobre os séculos. Um dogma infalível nos assegura que as nódoas contraídas pela fraqueza humana e que não mereceram a ira eterna do Ser Supremo serão purgadas por um fogo incompreensível. Ora, a infâmia é uma mácula civil, e se a dor e o fogo apagam as nódoas espirituais e incorpóreas, por que as dores da tortura não apagariam a mácula civil da infâmia? Creio que a confissão do réu, que alguns tribunais exigem como algo essencial à sua condenação, tenha uma origem semelhante, pois no misterioso tribunal da penitência, a confissão dos pecados é parte essencial do sacramento. Eis de que forma os homens abusam das luzes mais seguras da revelação, e como eles são os únicos que subsistem em tempos de ignorância, a eles recorre a dócil humanidade em todas as ocasiões, deles servindo-se das formas mais absurdas e errôneas. Porém, a infâmia é um sentimento que não está sujeito às leis nem à razão, mas à opinião comum. A própria tortura produz uma real infâmia nas suas vítimas. Assim sendo, com esse método se suprimirá a infâmia por meio da infâmia.

O terceiro motivo é a tortura aplicada aos supostos culpados quando caem em contradição durante o interrogatório, como se o temor da pena, a incerteza do julgamento, o aparato e a majestade do juiz, a ignorância, comum a quase todos, celerados e inocentes, não fizessem provavelmente cair em contradição tanto o inocente temeroso como o culpado que procura acobertar-se; como se as contradições, comuns nos homens quando estão tranqüilos, não se multiplicassem no tumulto do espírito dominado pela preocupação de salvar-se do perigo iminente.

Esse infame cadinho da verdade é um monumento que ainda hoje subsiste da legislação antiga e selvagem, quando as provas do fogo e da água fervente, e o incerto destino das armas[1], eram chamados *juízos* de Deus; como se os elos da corrente eterna que está no âmago da primeira causa devessem a todo instante ser desordenados e desconectados ao sabor das frívolas disposições humanas. A única diferença entre a tortura e as provas do fogo e da água fervente é que o êxito da primeira parece depender da vontade do réu e, o das últimas, de um fato meramente físico e extrínseco. Todavia, essa diferença é só aparente e não real. É tão pouco a liberdade de dizer a verdade entre as dores e as dilacerações, quanto o era outrora impedir sem fraude os efeitos do fogo e da água fervente. Todo ato da nossa vontade é sempre proporcional à força da impressão sensível de onde se origina; e a sensibilidade de cada homem é limitada. Assim, a impressão da dor pode chegar a tal ponto que, ocupando a sensibilidade inteira do torturado, não lhe deixe outra liberdade que não a de escolher o caminho mais curto, momentaneamente, para se subtrair à pena. Então, a resposta do réu é tão inevitável quanto o seriam as impressões do fogo e da água. Então, o inocente sensível se declarará culpado quando achar que dessa forma porá fim ao tormento. Toda diferença entre eles é anulada pelo próprio meio que se pretende utilizar para encontrá-la. É supérfluo, para melhor esclarecer, citar os inúmeros exemplos de inocentes que confessaram sua culpa diante dos suplícios da tortura: não há nação nem época que não os tenha, mas nem os homem mudam, nem tiram proveito dos ensinamentos. Não há homem que tenha levado suas

1. *Armas*: duelos judiciários, em que dois campeões se enfrentavam, sendo a sorte do imputado ligada à vitória ou derrota de quem o representava. (N. do T.)

idéias para além das suas necessidades da vida, que às vezes não corra para a natureza que o chama a si com vozes secretas e confusas; mas o hábito, esse tirano da mente, o repele e o assusta. O resultado, pois, da tortura é questão de temperamento e de cálculo, que varia em cada homem de acordo com seu vigor e sua sensibilidade; de forma tal que com esse método um matemático resolveria esse problema mais facilmente do que o faria um juiz: dada a força dos músculos e a sensibilidade das fibras de um inocente, estabelecer o grau de dor que o fará confessar a culpa de um delito.

O interrogatório de um réu tem por fim conhecer a verdade, mas se essa verdade dificilmente se revela pela atitude, pelo gesto, pela fisionomia de um homem tranqüilo, muito menos ela aparecerá num homem em que as convulsões da dor alteram todos aqueles sinais através dos quais a maioria dos homens deixa involuntariamente a verdade transparecer em seu rosto. Toda ação violenta confunde e suprime as mínimas diferenças entre os objetos por meio das quais se distingue o verdadeiro do falso.

Essas verdades foram reconhecidas pelos legisladores romanos, que não admitiam nenhum tipo de tortura a não ser para os escravos, aos quais era negada toda a sorte de personalidade. Conheceu-as a Inglaterra, nação onde a glória das letras, a superioridade do comércio e das riquezas e, portanto, da potência, e os exemplos de virtude e de coragem não nos deixam duvidar da excelência das leis. A tortura foi abolida na Suécia, abolida por um dos monarcas mais sábios da Europa[2], o qual, tendo levado a filosofia ao trono e sendo legislador ami-

2. Frederico II. (N. do T.)

go de seus súditos, os tornou livres e iguais na dependência das leis, única liberdade e única igualdade que homens sensatos possam exigir no atual estado das coisas. A tortura não é julgada necessária pelas leis dos exércitos, compostos em sua maioria pela escória das nações, que, por isso, pareciam precisar dela mais do qualquer outra corporação. É estranho para aquele que não considere como é grande a tirania do uso admitir que as leis pacificadoras tenham que aprender dos corações, endurecidos pelas carnificinas e pelo sangue, o método mais humano de julgar.

Essa verdade foi enfim sentida, embora confusamente, pelos mesmos homens que delas se distanciaram. As confissões feitas durante a tortura não têm validade se não são confirmadas por juramento após a cessação dos suplícios, mas se o réu não confirma o delito é novamente submetido à tortura. Alguns doutores e algumas nações não permitem essa infame petição de princípio por mais de três vezes; outras nações e outros doutores entregam-na ao arbítrio do juiz; de modo que, de dois homens igualmente inocentes ou igualmente culpados, o forte e corajoso será absolvido, o fraco e tímido será condenado em virtude deste exato raciocínio: *Eu, juiz, devia julgar-vos culpados de tal delito; tu, que és forte, soubeste resistir à dor, e por isso te absolvo; tu, que és fraco, cedeste a ela, e por isso te condeno. Sinto que a confissão arrancada entre suplícios não teria força alguma, mas novamente sereis torturados se não confirmardes a vossa confissão.*

Uma estranha conseqüência que necessariamente decorre do uso da tortura é que o inocente se acha numa posição pior que a do culpado. Com efeito, se ambos são submetidos ao suplício, o primeiro tem tudo contra si, uma vez que ou confessa o delito e é condenado, ou é declarado inocente, mas sofreu uma pena não merecida; ao passo que, um caso é favorável ao culpado quando, resistindo à tortura com firmeza, deverá ser absolvido como inocente, trocando uma pena maior por uma menor. O inocente, portanto, só tem a perder e o culpado a ganhar.

A lei que ordena a tortura é uma lei que diz: *Homens, resisti à dor, e se a natureza criou em vós um inextinguível amor-próprio, se ela vos deu o direito inalienável de vos defenderdes, desperto em vós o sentimento contrário, o ódio heróico de vós mesmos, e ordeno que sejais vossos próprios acusadores e que digais a verdade ainda que vos dilacerem os músculos e vos quebrem os ossos.*

Aplica-se a tortura para descobrir se o réu cometeu outros delitos além daqueles de que é acusado. Isso equivale ao seguinte raciocínio: *Tu és culpado de um delito; é pois possível que o sejas de outros cem; esta dúvida me oprime e quero certificar-me com meu próprio critério de verdade; as leis torturam-te porque és culpado, porque podes ser culpado, porque quero que tu sejas culpado.*

Finalmente, a tortura é aplicada a um acusado para descobrir os cúmplices do seu crime; mas se está demonstrado que ela não é um meio oportuno para descobrir a verdade, como poderá servir para revelar os cúmplices, sendo esta uma das verdades a serem descobertas? Como se o homem que acusa a si mesmo não acusasse os outros mais facilmente. É justo atormentar os homens pelo delito alheio? Não serão descobertos os cúmplices interrogando as testemunhas e o réu, por meio das provas e do corpo de delito, em suma, por todos aqueles mesmos meios utilizados para comprovar o delito no acusado? Os cúmplices geralmente fogem logo após a prisão do companheiro; a incerteza de sua sorte os condena por si só ao exílio e livra a nação do perigo de novas ofensas, enquanto a pena do réu que está preso alcança seu único fim: demover, pelo terror, os outros homens de semelhante delito.

XVII. Do Fisco

Já houve tempo em que quase todas as penas eram pecuniárias. Os delitos dos homens eram o patrimônio do príncipe. Os atentados contra a segurança pública eram um objeto de luxo. Quem a devia defender tinha interesse em vê-la lesada. O objeto das penas era, pois, um litígio entre o fisco (o cobrador dessas penas) e o réu; era um negócio civil, contencioso, privado, mais do que público, que dàva ao fisco outros direitos além dos conferidos pela defesa pública e ao réu outras culpas além daquelas em que havia incorrido, pela necessidade do exemplo. O juiz era, pois, um advogado do fisco, mais que um investigador da verdade, um agente do erário fiscal mais que o protetor e ministro das leis. Mas como nesse sistema confessar-se culpado era confessar-se devedor do fisco, o que era o fim dos procedimentos criminais de então, assim a confissão do delito – confissão elaborada de tal modo a favorecer e a não prejudicar as razões fiscais – tornou-se, e ainda é (perdurando os efeitos sempre muito tempo após as causas) o centro em torno do qual giram todos os mecanismos criminais. Sem ela, um réu, convicto por provas irrefutáveis, sofrerá uma pena menor que a prevista; sem ela, não sofrerá a tortura por delitos da mesma espécie que possa ter cometido.

Com ela, o juiz assenhorar-se-á do corpo de um réu e o atormentará com metódicas formalidades, para tirar-lhe, como de um fundo adquirido, todo o proveito possível. Provada a existência do delito, a confissão constitui prova convincente, e, para tornar menos suspeita essa prova arrancada com os tormentos e o desespero da dor, determina-se ao mesmo tempo que uma confissão extrajudicial tranqüila, indiferente, sem os temores prepotentes de um julgamento entre suplícios, não basta para a condenação. Excluem-se as investigações e provas que esclarecem o fato, mas enfraquecem as razões do fisco; não é em consideração à desgraça nem à fraqueza que se poupam às vezes os tormentos aos réus, mas em consideração das vantagens que o fisco, esse ente hoje imaginário e inconcebível, poderia perder. O juiz torna-se inimigo do réu, desse homem acorrentado, à mercê dos tormentos, da desolação, e do mais terrível porvir; não busca a verdade do fato, mas busca no prisioneiro o delito, e o insidia, e se considera perdedor se não consegue, e crê estar falhando naquela infalibilidade que o homem se arroga em todas as coisas. Os indícios para a captura estão em poder do juiz; para que alguém seja provado inocente deve antes ser considerado culpado; chama-se a isso *processo ofensivo*, e são esses, quase por toda parte da Europa ilustrada do século dezoito, os procedimentos criminais. O verdadeiro processo, o *informativo*, isto é, a investigação imparcial do fato, aquele que a razão manda, que as leis militares utilizam, usado até mesmo pelos déspotas asiáticos nos processos tranqüilos e indiferentes, é pouquíssimo utilizado nos tribunais europeus. Que emaranhado labirinto de estranhos absurdos, sem dúvida inconcebíveis para uma posterioridade mais feliz! Só os filósofos desse tempo futuro lerão na natureza do homem o possível verificar-se de um tal sistema.

XVIII. Dos Juramentos

Uma contradição entre as leis e os sentimentos naturais do homem nasce dos juramentos que se exigem do réu, para que seja um homem veraz, quando seu maior interesse é mentir; como se o homem pudesse jurar, com sinceridade, contribuir para a própria destruição; como se a religião não se calasse, na maioria dos homens, quando fala o interesse. A experiência de todos os séculos mostrou que eles abusaram, acima de tudo, dessa preciosa dádiva do céu. E por que razão deveriam os celerados respeitá-la, se os homens mais sábios freqüentemente a violaram? Por serem remotos aos sentidos, os motivos que a religião contrapõe aos tumultos do medo e ao amor à vida são, em sua maioria, demasiado fracos. As questões celestes são regidas por leis inteiramente diferentes das que regem as questões humanas. E por que razão comprometer umas com as outras? Por que razão colocar o homem na terrível contradição de faltar para com Deus, ou de concorrer à própria ruína? A lei que obriga a tal juramento ordena que o homem seja ou mau cristão ou mártir. O juramento torna-se, pouco a pouco, mera formalidade, destruindo assim a força dos sentimentos religiosos, único penhor da honestidade para a maioria dos homens. Quanto sejam inúteis os juramentos, a experiência o demonstrou, pois todo juiz poderá convir que juramento algum jamais fez réu nenhum dizer a verdade; a própria razão revela isso, quando declara inúteis e, conseqüentemente, maléficas todas as leis que se opõem aos sentimentos naturais do homem. Acontece a elas o mesmo que acontece aos diques que barram diretamente o curso de um rio: ou eles são imediatamente rompidos e arrastados, ou um vórtice, por eles mesmos criado, os corrói e os mina imperceptivelmente.

XIX. Presteza da Pena

Quanto mais a pena for rápida e próxima do delito, tanto mais justa e útil ela será. Digo mais justa, porque poupará ao réu os tormentos cruéis e inúteis da incerteza, que crescem com o vigor da imaginação e com o sentimento da própria fraqueza; mais justa, porque sendo a privação da liberdade uma pena, ela só pode preceder a sentença quando a necessidade o exigir. O cárcere é, pois, a simples custódia de um cidadão até que ele seja julgado culpado, e sendo essa custódia essencialmente penosa, deve durar o menor tempo possível e ser o menos dura possível. Esse tempo menor deve medir-se pela duração necessária do processo e pelo direito de anterioridade do réu ao julgamento. A duração do recolhimento ao cárcere só pode ser a necessária para impedir a fuga, ou para que não sejam ocultadas as provas dos delitos. O processo mesmo deve concluir-se no tempo mais breve possível. Que contraste é mais cruel do que a indolência de um juiz diante das angústias de um réu? De um lado, os confortos e prazeres de um magistrado insensível; do outro, as lágrimas, a desolação de um preso? Em geral, o peso da pena e a conseqüência de um delito devem ser os mais eficazes para os outros e os menos duros para quem os sofre, pois não se pode chamar sociedade legítima àquela em que não vigore o princípio infalível segundo o qual os homens se têm voluntariamente sujeitado aos menores males possíveis.

Disse que a presteza da pena é mais útil porque, quanto mais curto o tempo que decorre entre o delito e a pena, tanto mais estreita e durável no espírito humano é a associação dessas duas idéias, *delito* e *pena*; de tal modo que imperceptivelmente se consideram um como causa e a outra como efeito necessário e indefectível. Está demonstrado que a união das idéias é o cimento que sustenta toda a fábrica do intelecto humano, sem a qual o prazer e a dor seriam sentimentos isolados e sem nenhum efeito[1]. Quanto mais os homens se afastam das idéias gerais e dos princípios universais, isto é, quanto mais eles são incultos, tanto mais agem em função das associações imediatas e mais próximas, descuidando das mais remotas e complicadas; estas só servem aos homens fortemente apaixonados pelo objeto que os atrai, pois a luz da atenção aclara um só objeto, deixando os outros na escuridão; servem, outrossim, às mentes mais elevadas, que adquiriram o hábito de percorrer rapidamente muitos objetos de uma vez, e têm a habilidade de contrapor uns aos outros muitos sentimentos parciais, de tal modo que o resultado, que é a ação, é menos perigoso e menos incerto.

É, pois, de suma importância a proximidade do delito e da pena, se se quiser que nas mentes rudes e incultas o quadro sedutor de um delito vantajoso seja imediatamente seguido da idéia associada à pena. A longa demora não produz outro efeito além de dissociar cada vez mais essas duas idéias; e ainda que o castigo de um delito cause uma impressão, será menos a de um castigo que

1. Esta teoria é devida e Hume e Condillac. (N. do T.)

a de um espetáculo, e isso só acontecerá após ter-se atenuado nos espectadores o horror de um certo delito em particular, que serviria para reforçar o sentimento da pena.

Outro princípio contribui admiravelmente para estreitar a importante conexão entre a infração e a pena, a saber, que esta se conforme o mais possível à natureza do delito. Essa analogia facilita admiravelmente o contraste que deve haver entre o impulso ao delito e a repercussão da pena, de tal forma que esta afaste o espírito e o conduza a um fim oposto àquele para o qual procura encaminhá-lo a idéia sedutora da infração da lei.

XX. Violências

Alguns delitos são atentados contra a pessoa, outros contra os bens. Os primeiros devem infalivelmente ser punidos com penas corporais: nem ao homem poderoso, nem ao rico deve-se permitir o ressarcimento dos atentados contra o fraco e o pobre; de outra forma, as riquezas que sob a tutela das leis são o prêmio da indústria, tornar-se-iam o alimento da tirania. Não haverá liberdade toda vez que as leis permitirem que, em certas circunstâncias, o homem cesse de ser *pessoa* e se torne *coisa*; vereis então o poderoso concentrar inteiramente a sua indústria em retirar da multiplicidade de combinações civis aquelas que a lei dispõe em seu favor. Essa descoberta é o mágico segredo que transforma os cidadãos em animais de carga; é, nas mãos do forte, o grilhão que inibe as ações dos incautos e dos fracos. Por essa razão, em alguns governos que têm toda a aparência de liberdade, a tirania se esconde ou se introduz, despercebida, em algum canto descuidado pelo legislador, ali tomando força e engrandecendo. Os homens erguem, na maioria das vezes, os diques mais sólidos à tirania aberta, mas não enxergam o inseto imperceptível que os corrói, abrindo ao rio avassalador um caminho tanto mais seguro quanto mais oculto.

XXI. Penas para os Nobres

Quais serão, pois, as penas aplicáveis aos delitos dos nobres, cujos privilégios formam grande parte das leis das nações? Não examinarei aqui se essa distinção hereditária entre nobres e plebeus é útil num governo ou necessária numa monarquia; se é verdade que a nobreza forma um poder intermediário que limita os excessos dos dois extremos, ou se antes ela forma uma casta, escrava de si mesma e de outrem, que, como aqueles oásis amenos e fecundos que se destacam nos vastos e arenosos desertos da Arábia, encerra toda circulação de crédito e esperança a um círculo estreitíssimo. E, mesmo admitindo-se que a desigualdade seja inevitável ou útil às sociedades, também é um fato que ela deve consistir antes nas classes do que nos indivíduos, deve deter-se num único ponto e não circular por todo o corpo político, perpetuar-se, e não ser eternamente destruída para tornar a nascer. Eu me limitarei às penas aplicáveis à nobreza, afirmando que elas devem ser as mesmas para o primeiro e o último dos cidadãos. Toda distinção nas honrarias ou nas riquezas, para ser legítima supõe uma igualdade anterior fundada nas leis, que consideram todos os súditos igualmente dependentes delas. Devemos adimitir que os homens, que renunciaram ao seu despotismo natural, tenham dito: *que o mais industrioso tenha as maiores honras e que sua fama resplandeça nos seus sucessores; e quem é mais feliz ou mais honrado tenha maiores aspirações, mas não tema, menos que os outros, violar aqueles pactos por meio dos quais se elevou acima deles.* É verdade que tais decretos não emanaram de nenhuma assembléia do gênero humano, mas eles existem nas relações imutáveis das coisas, e sem destruir aquelas vantagens que se supõem produzidas pela nobreza, lhes impedem os inconvenientes; tornam as leis poderosas, fechando o caminho à impunidade. A quem disser que a pena aplicada ao nobre e ao plebeu não é realmente a mesma em virtude da diversidade da educação e da infâmia que se derrama sobre uma ilustre família, responderei que não se medem as penas pela sensibilidade do réu, mas sim pelo dano público, tanto maior quanto é ocasionado pelo mais favorecido; que a igualdade das penas só pode ser intrínseca, diferindo realmente em cada indivíduo, e a infâmia de uma família inocente pode ser cancelada pelo soberano com demonstrações públicas de benevolência. E quem ignora que as formalidades servem de razão para o povo crédulo e admirador?

XXII. Furtos

Os furtos não acompanhados de violência deveriam ser punidos com penas pecuniárias. Quem procura apoderar-se do alheio deveria ser privado do próprio. Mas como habitualmente esse é o delito da miséria e do desespero, o delito daquela porção infeliz de homens a quem o direito de propriedade (direito terrível e talvez desnecessário) não deixou senão uma existência de privações; mas como, ainda, as penas pecuniárias castigam um número de pessoas maior que o dos delitos, pois que, ao tirar o pão aos celerados, acabam tirando-o aos inocentes, a pena mais oportuna será então o único tipo de escravidão que se possa chamar justa, ou seja, a escravidão temporária dos trabalhos e da pessoa ao serviço da sociedade comum, para ressarci-la, com a própria e total dependência, do injusto despotismo exercido ao violar o pacto social. Se, porém, o delito for acompanhado de violência, a pena deve ser igualmente um misto de pena corporal e pena servil. Outros escritores mostraram antes de mim a desordem evidente que nasce da aplicação das mesmas penas para furtos violentos e para furtos não-violentos, fazendo uma equação absurda entre uma alta soma em dinheiro e a vida de um homem; mas nunca é supérfluo repetir aquilo que quase nunca foi posto em prática. Mais que quaisquer outras, as máquinas políticas conservam o ritmo que lhes foi imprimido e são as mais lentas em adquirir outro. Esses são delitos de natureza diferente, e é incontestável, mesmo em política, aquele axioma da matemática pelo qual entre quantidades heterogêneas há o infinito.

XXIII. Infâmia[1]

As injúrias pessoais contrárias à honra, isto é, aquela justa porção de consideração que cada cidadão tem direito de exigir dos outros, devem ser punidas com a infâmia. Essa infâmia é um sinal da pública reprovação que priva

1. A infâmia, no direito romano, era um estado subjetivo que qualificava negativamente uma pessoa, oficializando de certo modo sua perda de honorabilidade. (N. do T.)

o réu do reconhecimento coletivo, da confiança da pátria e daquela quase fraternidade que a sociedade inspira. Ela não está no alcance da lei. É preciso, pois, que a infâmia que a lei inflinge seja a mesma que nasce das relações entre as coisas, a mesma da moral universal ou da moral particular dependente dos sistemas particulares, que regem as opiniões do vulgo e das nações que inspiram. Se elas diferem uma da outra, ou a lei perde a veneração pública ou as idéias de moral e de probidade desvanecem, em que pesem as declarações que nunca resistem aos exemplos. Quem declara a infâmia de ações, por si só indiferentes, diminui a das ações que são realmente tais. As penas de infâmia não devem ser nem demasiado freqüentes, nem recair sobre um grande número de pessoas ao mesmo tempo; no primeiro caso, porque os efeitos reais e por demais freqüentes das coisas de opinião atenuam a força da opinião mesma; no segundo caso, porque a infâmia de muitos acaba reduzindo-se à infâmia de ninguém.

As penas corporais e dolorosas não devem ser aplicadas àqueles delitos que, fundados no orgulho, retiram da própria dor seu alimento e sua glória; a tais delitos convém o ridículo e a infâmia, penas que freiam o orgulho dos fanáticos com o orgulho dos espectadores, e de cuja tenacidade a verdade mesma só se liberta com lentos e obstinados esforços. Assim, opondo forças a forças e opiniões a opiniões, o sábio legislador anula a admiração e a surpresa despertadas no povo por um falso princípio, cujo absurdo originário costuma ser ocultado ao povo por suas bem deduzidas conseqüências.

Eis a única maneira de não confundir as relações e a natureza invariante das coisas, a qual, sendo ilimitada no tempo e operando incessantemente, subverte e destrói todos os limitados regulamentos que dela se afastam. Não apenas as artes do gosto e do prazer[2] têm por princípio universal a fiel imitação da natureza, a própria política, ao menos aquela verdadeira e duradoura, está sujeita a essa máxima geral, pois que ela não é mais do que a arte de melhor dirigir e fazer cooperar os sentimentos imutáveis dos homens.

XXIV. Da Ociosidade

Aquele que perturba a tranqüilidade pública e não obedece às leis, isto é, às condições pelas quais os homens se toleram e se defendem reciprocamente, deve ser excluído da sociedade, ou seja, banido. Essa é a razão pela qual os governos sábios não toleram, no seio do trabalho e da indústria, aquele gênero de ócio político que declamadores austeros confundiram com a ociosidade das riquezas acumuladas pela indústria, ociosidade necessária e útil à medida que a sociedade se dilata e a administração se restrige. Eu chamo ociosidade política àquela que não contribui para a sociedade nem com o trabalho nem com a riqueza e ganha sem jamais perder; aquela que é venerada pelo vulgo com estúpida admiração e é considerada pelo sábio com compaixão desdenhosa por suas vítimas; aquele que, sem o estímulo da vida ativa, que é a necessidade de conservar ou de aumentar os confortos da vida, entrega às paixões da opinião, que não são as menos fortes, toda a sua energia. Não é

2. As belas-artes. (N. do T.)

politicamente ocioso quem goza dos frutos dos vícios ou das virtudes dos próprios antepassados, e que, em troca de seus prazeres assegura o pão e a existência ao pobre que trabalha, o qual trava em tempo de paz uma guerra tácita de indústria com a opulência, em vez de uma guerra incerta e sangrenta com a força.

Parece que o banimento deveria ser pronunciado contra aqueles que, acusados de um delito atroz, e, com grande probabilidade, mas sem certeza, serão julgados culpados; para tanto, porém, seria necessário um estatuto o menos arbitrário e o mais preciso possível, o qual condenasse ao banimento quem tivesse perto a nação diante da alternativa fatal de temê-lo ou ofendê-lo, deixando-lhe, entretanto, o direito sagrado de provar a sua inocência. E maiores deveriam ser os motivos contra um nativo do que contra um estrangeiro; contra um acusado pela primeira vez, do que contra o foi diversas vezes.

XXV. Banimento e Confisco

Deverá, porém, aquele que é banido e excluído para sempre da sociedade de que era membro ser privado dos seus bens? Essa questão pode ser apreciada sob diversos aspectos. A perda dos bens é uma pena maior que a do banimento; deve, pois, haver casos em que, proporcionalmente aos delitos, haja a perda de todos ou parte dos bens, e outros casos em que não. A perda total ocorrerá quando o banimento previsto pela lei determine o rompimento de todos os laços entre a sociedade e um cidadão delinqüente; morre então o cidadão e permanece o homem, o que, com respeito ao corpo político, deverá produzir os mesmos efeitos que a morte natural. Dir-se-ia, pois, que os bens confiscados ao réu deviam reverter antes para os legítimos herdeiros que para o príncipe, dado que a morte e tal banimento são o mesmo relativamente ao corpo político. Mas não é essa minúcia que me leva a reprovar o confisco dos bens. Se alguns já sustentaram que os confiscos eram um freio às vinganças e às prepotências privadas, não se aperceberam eles que, embora as penas produzam um bem, nem sempre elas são justas, pois para serem justas precisam ser necessárias; e uma injustiça útil não pode ser tolerada pelo legislador que queira fechar todas as portas à tirania vigilante, a qual seduz com um bem momentâneo e com a felicidade de alguns notáveis, desprezando a ruína futura e as lágrimas de uma multidão de gente obscura. Os confiscos colocam a prêmio a cabeça dos fracos; fazem recair as penas dos culpados sobre os inocentes, deixando-os na desesperada necessidade de cometer os delitos. Que espetáculo mais triste o de uma família arrastada à infâmia e à miséria pelos delitos do seu chefe, cujos atos, em virtude da submissão imposta pelas leis, ela não poderia impedir ainda que lhe fosse possível.

XXVI. Do Espírito de Família

Essas injustiças autorizadas e funestas foram aprovadas até mesmo pelos homens mais esclarecidos e praticadas pelas repúblicas mais livres, por terem considerado a sociedade mais como uma união de famílias do que como uma união de homens. Sejam cem mil homens, istó é, vinte mil famílias de cinco pessoas cada uma, incluído o chefe que a representa; se a associação for de famílias, haverá vinte mil homens e oitenta mil escravos; se a associação for de homens, haverá cem mil cidadãos e nenhum escravo. No primeiro caso, haverá uma república e vinte mil pequenas monarquias que a compõem; no segundo, o espírito republicano não soprará apenas nas praças ou nas assembléias das nações, mas também entre as paredes domésticas, onde reside grande parte da felicidade ou da miséria dos homens. No primeiro caso, como as leis e costumes são efeitos dos sentimentos habituais dos membros da república, ou seja, dos chefes de família, o espírito monárquico introduzir-se-á paulatinamente na república mesma; e seus efeitos só serão evitados pela oposição dos interesses particulares, e não pelo sopro de um sentimento de liberdade e igualdade. O espírito de família é um espírito de detalhes, limitado aos pequenos fatos. Já o espírito regulador das repúblicas, senhor dos princípios gerais, vê os fatos e os situa nas classes principais e importantes para o bem da maioria. Na república de famílias, os filhos permanecem sob o poder do chefe, enquanto ele viver, e são obrigados a esperar até sua morte para ter uma existência que dependa unicamente das leis. Afeitos a submeter-se e a temer nos anos mais verdes e vigorosos, quando o temor nascido da experiência e chamado moderação pouco modifica seus sentimentos, como resistirão aos obstáculos que o vício sempre opõe à virtude na idade que langue e declina, quando também a desesperança de lhes ver os frutos se opõe às mudanças enérgicas?

Quando a república é de homens, a família não é uma subordinação de comando, mas de contrato; e quando a idade os subtrai da dependência natural, que é a da fraqueza e da necessidade de educação e de proteção, os filhos se tornam livres membros da cidade sujeitando-se à autoridade do chefe de família, na medida em que partilham as mesmas vantagens, como os homens livres na grande sociedade. No primeiro caso, os filhos, ou seja, a parte maior e a mais útil da nação, estão entregues à discrição dos pais; no segundo, não subsiste nenhum outro laço obrigatório, a não ser o dever sagrado e inviolável de prestar reciprocamente auxílio na necessidade, e a gratidão pelos benefícios recebidos; laço esse que a malícia do coração humano destrói menos do que a compreensão errônea da sujeição imposta pelas leis.

Essas contradições entre as leis de família e as leis fundamentais da república são uma fonte fecunda de outras contradições entre a moral doméstica e a moral pública e, por isso, dão vida a um conflito perpétuo no coração dos homens. A primeira inspira submissão e temor; a segunda, coragem e liberdade; aquela ensina a limitar a benevolência a um pequeno número de pessoas que não foram escolhidas, esta, a estendê-la a toda classe de homens; aquela ordena o sacrifício contínuo de si a um ídolo vão, chamado *bem de família*, e muitas vezes não é o bem de nenhum de seus membros; esta ensina a servir o próprio interesse sem ofender as leis, ou estimula ao sacrifício pela pátria recompensando-o com o fanatismo que precede a ação. Tais contrastes levam os homens a desdenhar o caminho da virtude, considerando-o emaranhado, confuso e distante, porque envolto nas trevas que ocultam tanto os objetos físicos como os morais. Quantas vezes um homem, voltando-se para as suas ações passadas, não se terá surpreendido com sua própria desonestidade! À medida que a sociedade aumenta, cada um dos seus membros torna-se uma parte menor do todo e o sentimento republicano diminui na mesma proporção, se as leis não cuidam de reforçá-lo. Como o corpo humano, as sociedades têm seus limites circunscritos e, crescendo elas para além desses limites, perturba-se necessariamente a economia. Dir-se-ia que a massa de um estado deve estar na razão inversa da sensibilidade de quem o compõe; pois do contrário, crescendo uma e outra, as boas leis encontrariam no próprio bem que houvessem produzido um obstáculo à prevenção dos delitos. Uma república, por demais vasta, somente se salva do despotismo subdividindo-se e formando diversas repúblicas confederadas. Mas como fazê-lo? Com um ditador despótico que tenha a coragem de Sila, e tanto gênio para edificar quanto Sila teve para destruir. Se tal homem for ambicioso, a glória de todos os séculos o esperará; se for filósofo, as bênçãos dos seus cidadãos o consolarão da perda de autoridade, a menos que ele se torne indiferente à sua ingratidão. À medida que os sentimentos que nos unem à nação se atenuam, fortalecem-se os sentimentos para com os objetos circunstantes. Por isso, é sob o despotismo mais forte que as amizades são mais duráveis, e as virtudes de família, sempre medíocres, se tornam mais comuns, senão as únicas. Pode-se perceber disso tudo quão limitada fosse a visão da maioria dos legisladores.

XXVII. Moderação das Penas

O curso das minhas idéias desviou-me, porém, do meu assunto que devo, pois, apressar-me a esclarecer. Um dos maiores freios aos delitos não é a crueldade das penas, mas sua infalibilidade e, em conseqüência, a vigilância dos magistrados e a severidade de um juiz inexorável, a qual, para ser uma virtude útil, deve vir acompanhada de uma legislação suave. A certeza de um castigo, mesmo moderado, causará sempre a impressão mais intensa que o temor de outro mais severo, aliado à esperança de impunidade; pois os males, mesmo os menores, se são inevitáveis, sempre espantam o espírito humano, enquanto a esperança, dom celestial que freqüentemente tudo supre em nós, afasta a idéia de males piores, principalmente quando a impunidade, concedida amiúde pela venalidade e pela fraqueza, fortalece a esperança. A própria atrocidade da pena faz com que tentemos evitá-la com uma ousadia tanto maior quanto maior é o mal em que incorremos e leva a cometer outros delitos mais para escapar à pena de um só. Os países e os tempos em que se infligiam os suplícios mais atrozes sempre foram aqueles das ações mais sangüinárias e desumanas, pois o mesmo espírito de ferocidade que guiava a mão do legislador conduzia a do parricida e do sicário. Do trono, esse espírito ditava leis férreas a ânimos torturados de escravos, que obedeciam; na escuridão do privado, estimulava a imolação dos tiranos para criar outros novos.

À medida que os suplícios se tornam mais cruéis, os espíritos humanos que, como os fluidos, se nivelam sempre com os objetos que os cercam, endurecem, e a força sempre viva das paixões faz com que, após cem anos de cruéis suplícios, a roda[1] assuste tanto quanto antes a prisão assustava. Para que uma pena produza o seu efeito, basta que o mal que ela mesma inflinge exceda o bem que nasce do delito e nesse excesso de mal deve ser levada em conta a infalibilidade da pena e a perda do bem

1. *A roda*: o suplício da roda, que consistia em amarrar o condenado a uma roda enfiada horizontalmente numa estaca, para aí deixá-lo morrer lentamente, após ter-lhe quebrado braços e pernas. (N. do T.)

que o delito devia produzir. Tudo mais é supérfluo e, portanto, tirânico. Os homens pautam-se pela ação repetida dos males que conhecem e não daqueles que ignoram. Considerem-se duas nações, numa das quais, na escala das penas proporcional à escala dos delitos, a pena maior seja a escravidão perpétua e, na outra, a roda. Eu digo que a primeira terá tanto temor de sua pena maior quanto a segunda; e se houvesse uma razão para se transferir para a primeira as penas maiores da segunda, a mesma razão serviria para acrescer as penas desta última, passando insensivelmente do uso da roda aos tormentos mais lentos e mais requintados, até os últimos refinamentos de uma ciência tão bem conhecida dos tiranos.

Da crueldade das penas derivam duas outras conseqüências funestas e contrárias ao fim mesmo de prevenir os delitos. A primeira é que não é tão fácil preservar a proporção essencial entre os delitos e as penas, porque, embora uma crueldade industriosa tenha contribuído para variar grandemente suas espécies, as penas não podem ainda assim ultrapassar aquela força última a que estão limitadas a organização e a sensibilidade humana. Alcançado esse ponto extremo, não se encontraria pena maior correspondente aos delitos mais nocivos e atrozes, o que seria oportuno para preveni-los. A outra conseqüência é que a própria impunidade nasce da atrocidade dos suplícios. Os homens estão encerrados entre certos limites, assim no bem como no mal, e um espetáculo demasiado atroz para a humanidade só pode constituir um furor passageiro, mas nunca um sistema constante, como devem ser as leis; pois se tais leis realmente forem cruéis, ou serão mudadas ou então elas mesmas fatalmente darão vida à impunidade.

Quem, ao ler a história, não se arrepia de horror com os bárbaros e inúteis tormentos, friamente concebidos e executados por homens que se diziam sábios? Quem pode deixar de estremecer até em sua parte mais sensível, ao ver milhares de infelizes que a miséria, provocada ou tolerada por leis que sempre favoreceram uma minoria e ultrajaram uma maioria, forçou a um desesperado retorno ao primitivo estado de natureza? Acusados de delitos impossíveis criados pela ignorância temerosa ou julgados culpados apenas de fidelidade aos próprios princípios, esses infelizes acabam dilacerados por lentas torturas e premeditado requinte, por homens dotados dos mesmos sentidos e, por conseguinte, das mesmas paixões, num alegre espetáculo para uma multidão fanática.

XXVIII. Da Pena de Morte

Essa inútil prodigalidade de suplícios, que nunca tornou os homens melhores, levou-me a examinar se a morte é realmente útil e justa num governo bem organizado. Qual será o direito que os homens se reservam de trucidar seus semelhantes? Não é certamente o mesmo do qual resultam a soberania e as leis. Estas nada mais são do que a soma de porções mínimas da liberda privada de cada um; elas representam a vontade geral, que é o agregado das vontades particulares. Mas quem será o homem que queira deixar a outros o arbítrio de matá-lo? Como pode haver, no menor sacrifício da liberdade de cada um, o do bem maior de todos, a vida? E, se assim fosse, como se coaduna tal princípio com o do outro, de que o homem não pode matar-se? Não deveria ele ter esse direito se pôde atribuí-lo a outrem ou à sociedade inteira?

A pena de morte não é, pois, um *direito*, uma vez que demostrei que tal não o pode ser, mas é uma guerra da nação contra um cidadão, que ela julga útil ou necessário destruir. Se, no entanto, eu demostrar que a morte não é nem útil nem necessária, terei vencido a causa da humanidade.

A morte de um cidadão só pode ser considerada necessária por dois motivos: o primeiro, quando, ainda que privado da liberdade, ele conserva poder e relações tais que podem afetar a segurança nacional; o segundo, quando sua existência pode produzir uma revolução perigosa para a forma de governo estabelecida. Assim, a morte de algum cidadão se torna necessária quando a nação recupera ou perde a sua liberdade, ou, em tempos de anarquia, quando as próprias desordens tomam o lugar das leis; mas, sob o reinado tranqüilo das leis, sob uma forma de governo que conglomera os votos da nação, bem amparada externa e internamente pela força e pela opinião – mais eficaz talvez que a própria força – onde o comando só é exercido pelo verdadeiro soberano e onde as riquezas compram prazeres e não autoridade, não vejo necessidade alguma de destruir um cidadão, a não ser que sua morte fosse o único e verdadeiro freio capaz de impedir que os outros cometessem delitos, segundo motivo que tornaria justa e necessária a pena de morte.

Ainda que a experiência de todos os séculos, em que o último dos castigos nunca deteve os homens decididos a ofender a sociedade, ainda que o exemplo dos cidadãos romanos e vinte anos de reinado da imperatriz Elisabeth da Rússia – ao longo dos quais ela deu aos pais dos povos um ilustre exemplo, equivalente a pelo menos muitas conquistas compradas com o sangue dos filhos da pátria – não persuadissem os homens, para quem a linguagem da razão é sempre suspeita, enquanto é eficaz a da autoridade, bastaria consultar a natureza do homem para perceber a verdade da minha asserção.

Não é a intensidade da pena que produz o maior efeito sobre o espírito humano, mas a extensão dela; pois a nossa sensibilidade é mais fácil e mais constantemente afetada por impressões mínimas, porém renovadas, que por um abalo forte mas passageiro. O império do hábito é universal em cada ser sensível e, assim como o homem caminha e provê às suas necessidades por seu intermédio, assim também as idéias morais só se imprimem na mente por impressões duráveis e reiteradas. Não é o espetáculo terrível mas passageiro da morte de um celerado, e sim o longo e sofrido exemplo de um homem privado da liberdade e que, convertido em besta de carga, recompensa com seu trabalho aquela sociedade que ofendeu, que constitui o freio mais forte contra os delitos. Aquela repetição a si mesmo, eficaz por seu insistente retorno, *"eu mesmo serei reduzido a tal longa e mísera condição se cometer semelhantes delitos"*, é muito mais poderosa do que a idéia da morte, que os homens sempre vêem longínqua e obscura.

A pena de morte produz uma impressão que, embora forte, não inibe o rápido esquecimento, que é natural no homem, mesmo nas coisas mais essenciais e que as paixões aceleram. Regra geral: as paixões violentas surpreendem os homens, mas não por longo tempo; e embora sejam elas aptas a promover as revoluções que de homens comuns fazem persas ou espartanos, num governo livre e tranqüilo as impressões devem ser mais freqüentes que fortes.

A pena de morte torna-se um espetáculo para a maioria e um objeto misto de compaixão e desdém para alguns; ambos esses sentimentos ocupam mais o espírito dos espectadores do que o terror salutar que a lei pretende inspirar. Mas nas penas moderadas e contínuas o sentimento dominante é o último, por ser o único. O limite que o legislador deveria fixar ao rigor das penas parece situar-se no sentimento de compaixão, quando este começa a prevalecer sobre qualquer outro, no ânimo dos espectadores de um castigo feito mais para eles que para o próprio réu.

Para que uma pena seja justa, só deve ter aqueles graus de intensidade que bastem para dissuadir os homens dos delitos; ora, não há ninguém que, refletindo a respeito, possa escolher a perda total e perpétua da própria liberdade, por mais vantajoso que um delito possa ser; assim, a intensidade da pena de escravidão perpétua, substituindo a pena de morte, contém o que basta para dissuadir o espírito mais determinado. Digo mais: muitíssimos homens encaram a morte com o semblante firme e tranqüilo, alguns por fanatismo, outros por aquela vaidade, que quase sempre acompanha o homem no além-túmulo; outros ainda numa última tentativa desesperada de não viver ou de sair da miséria; mas nem o fanatismo nem a vaidade subsistem entre cepos e cadeias, sob a vara ou sob o jugo, atrás de grades de ferro, e o desesperado não põe fim aos seus males, mas os começa. Nosso espírito resiste mais à violência e às dores extremas mas passageiras do que ao tempo e ao tédio incessante; pois que, todo concentrado em si mesmo por um instante, pode o espírito repelir as primeiras, mas sua vigorosa elasticidade não basta para resistir à longa e repetida ação dos últimos. Com a pena de morte, cada exemplo dado à nação supõe um delito; na pena de escravidão perpétua, um único delito dá muitíssimos e duradouros exemplos, e se é importante que os homens vejam amiúde o poder das leis, as penas de morte não devem ser muito distantes entre si: por isso, elas supõem a freqüência dos delitos; portanto, para que esse castigo seja útil, é preciso que não cause nos homens toda a impressão que deveria causar, isto é, que seja útil e inútil ao mesmo tempo. Se alguém disser que a escravidão perpétua é tão dolorossa quanto a morte, e, portanto, igualmente cruel, responderei que, somando todos os momentos infelizes da escravidão, ela o será talvez mais, mas esses momentos se distribuem pela vida toda, enquanto a morte exerce toda sua força em um só momento; e é essa a vantagem da pena de escravidão, que amedronta mais quem a vê do que quem a sofre; porque o primeiro considera a soma de todos os momentos infelizes, enquanto o segundo é distraído da infelicidade futura pela infelicidade presente. Todos os males aumentam na imaginação e quem sofre encontra recursos e consolos desconhecidos e não suspeitados pelos espectadores, os quais substituem a própria sensibilidade ao espírito calejado do infeliz.

Um ladrão ou um assassino, cujo único contrapeso para não violar a lei é a forca ou roda, raciocina mais ou menos da seguinte forma. Sei que desenvolver os sentimentos do próprio espírito é uma arte que se aprende com a educação, mas se um ladrão não sabe expressar apropriadamente os seus princípios, não é por isso que eles deixam de atuar. *Que leis são essas que devo respeitar e que põem uma distância tão grande entre mim e o rico? Ele me nega o vintém que lhe peço e se desculpa mandan-*

do-me trabalhar, o que ele mesmo não sabe fazer. Quem fez essas leis? Homens ricos e poderosos que nunca se dignaram visitar os míseros casebres do pobre, que nunca precisarem repartir um pão amanhecido entre os gritos inocentes dos filhos esfomeados e as lágrimas da mulher. Rompamos esses liames fatais à maioria e úteis a uns poucos tiranos indolentes; ataquemos a injustiça em sua fonte. Voltarei ao meu estado de independência natural, viverei livre e feliz por algum tempo com os frutos da minha coragem e da minha indústria; virá talvez o dia da dor e do arrependimento, mas esse tempo será breve, e terei um dia de privação por muitos anos de liberdade e de prazeres. Rei de poucos homens, corrigirei os erros da fortuna, e verei esses tiranos empalidecerem e palpitarem à presença daquele que preteriram, com fausto ultrajante, aos seus cavalos e aos seus cães. Então a religião se assoma à mente do celerado que abusa de tudo e, apresentando-lhe um fácil arrependimento e uma quase certeza de felicidade eterna, diminuirá sensivelmente o horror daquela última tragédia.

Mas aquele que tem diante de si longos anos, ou mesmo todo o curso da vida que passará na escravidão e na dor exposto ao olhar de seus concidadãos, com quem vivia livre e socialmente, escravo das mesmas leis que o protegiam, fará uma inútil comparação de tudo isso com a incerteza do êxito de seus delitos, cujos frutos gozará por breve tempo. O exemplo constante dos que ele vê atualmente, vítimas da própria imprevidência causa-lhe uma impressão muito mais forte do que o espetáculo de um suplício que o endurece mais do que o corrige.

A pena de morte tampouco é útil pelo exemplo de atrocidade que oferece aos homens. Se as paixões ou a necessidade da guerra ensinaram a derramar o sangue humano, as leis moderadas da conduta dos homens não deveriam fortalecer esse exemplo de ferocidade, tanto mais funesto quanto mais a morte legal é ministrada com metódico formalismo. Parece-me absurdo que as leis, que são a expressão da vontade pública, que abominam e punem o homicídio, o cometam elas mesmas e que, para dissuadir o cidadão do assassínio, ordenem um assassínio público. Quais são as leis verdadeiras e mais úteis? São aqueles pactos e aquelas condições que todos desejariam propor e observar, enquanto se cala ou se funde com a do interesse público a voz sempre presente do interesse privado. Qual é o sentimento geral sobre a pena de morte? Ele se manifesta nos atos de indignação e de desprezo de cada um ao avistar o verdugo, que é, no entanto, um inocente executor da vontade pública, um bom cidadão que contribui para o bem coletivo, o instrumento necessário à segurança pública interna, como os bravos soldados o são para externa. Qual é, pois, a origem dessa contradição? E por que esse sentimento, a despeito da razão, é indelével nos homens? É que no âmago de seus corações, onde mais se preserva a forma original da velha natureza, os homens sempre acreditaram que sua vida não podia estar em poder de ninguém, a não ser da necessidade, a qual rege o universo com seu cetro de ferro.

O que devem pensar os homens ao ver os sábios magistrados e os soberbos sacerdotes da justiça, que com tranqüilidade indiferente e aparato vagaroso levam um réu à morte? E enquanto um miserável se debate em sua derradeira angústia, à espera do golpe fatal, vai-se o juiz com insensível frieza, e, quem sabe, com secreta complacência pela própria autoridade, saborear os confortos e os prazeres da vida. *Essas leis, dirão os homens, nada mais são do que os pretextos da força e as formalidades cruéis e meditadas da justiça; não passam de uma linguagem convencional para nos imolar com maior segurança, como vítimas sacrificadas ao ídolo insaciável do despotismo.*

Vemos praticar sem repugnância e sem furor o assassínio, que nos é apontado como um crime hediondo. Valhamo-nos desse exemplo! Nas descrições que nos faziam da morte, nós a víamos violenta como uma cena terrível; vemo-la agora como questão de um momento; e menos ainda ela será para aquele que, não estando à sua espera, vê-se poupado de tudo o que ela tem de doloroso. Tais são os funestos paralogismo que, de forma mais ou menos clara, predispõem os homens aos delitos, nos quais, como vimos, o abuso da religião é mais forte do que a própria religião.

Se me contestarem com o exemplo de quase todos os séculos e de quase todas as nações que aplicaram pena de morte contra certos delitos, responderei que esse exemplo fica anulado diante da verdade, contra a qual não há prescrição; que a história da humanidade nos dá a idéia de um imenso oceano de erros, dos quais emergem, a grandes intervalos, algumas poucas verdades confusas. Os sacrifícios humanos foram comuns a quase todas as nações, mas quem ousará desculpá-los? O fato de que algumas sociedades se tenham abstido por pouco tempo da pena de morte mais me fortalece do que me desabona, porque é a sorte das grandes verdades não durar mais que um relâmpago, em comparação com a longa noite de trevas que envolve os homens. Ainda não chegou a época afortunada em que a verdade, como o erro até agora, pertencerá à maioria; dessa lei universal só se subtraíram até agora as grandes verdades que a Sabedoria infinita quis separar das outras por meio da revelação.

A voz de um filósofo é demasiado fraca contra os tumultos e os gritos dos que são guiados pela cegueira dos hábitos, mas os poucos sábios espalhados pela face da terra farão eco à minha voz no fundo de seus corações; e se a verdade pudesse alcançar o trono, não obstante os infinitos obstáculos que a afastam do monarca, malgrado seu, saiba ele que ela trouxe consigo os votos secretos de todos os homens, saiba que se calará na sua presença a fama sangrenta dos conquistadores e a justiça da posteridade lhe reservará o primeiro lugar entre os troféus pacíficos dos Titos, dos Antoninos e dos Trajanos.

Feliz a humanidade se, pela primeira vez, lhe fossem ditadas leis, agora que novamente galgaram os tronos da Europa monarcas benfeitores, promotores das virtudes pacíficas, das ciências e das artes, pais de seus povos, cidadãos coroados, cuja autoridade acrescida contribui para a felicidade dos súditos destruindo aquele despotismo intermediário, mais cruel porque menos seguro, que impedia os votos sempre sinceros do povo e sempre gratos de alcançarem o trono. Se esses monarcas permitem a subsistência das antigas leis, é pela dificuldade imensa de tirar dos erros a venerada ferrugem dos séculos; é esse um motivo para que cidadãos ilustrados desejem com maior ardor o contínuo crescimento de sua autoridade.

XXIX. Da Prisão

Um erro tão comum quanto contrário ao fim social, que é o sentimento da própria segurança, consiste em deixar ao magistrado executor das leis o arbítrio de prender um cidadão, de tirar a liberdade a um inimigo sob pretextos frívolos e de deixar um amigo impune apesar dos mais fortes indícios de culpabilidade. A prisão é uma pena que, por necessidade e diversamente de qualquer outra, deve preceder a declaração do delito; contudo, esse caráter distintivo não lhe tira o outro essencial, a saber, que somente a lei pode determinar os casos em que um homem merece uma pena. Assim, a lei apontará os indícios de um delito que impõem a custódia do réu, sujeitando-o a um interrogatório e a uma pena. O clamor público, a fuga, a confissão extrajudicial, o depoimento de um cúmplice, as ameaças e a constante inimizade com a vítima, o corpo de delito e indícios semelhantes são provas suficientes para prender um cidadão; mas essas provas devem ser estabelecidas pela lei e não pelos juízes, cujos decretos são sempre nocivos à liberdade política, quando não são proposições de uma máxima geral emanada do código público. À medida que as penas forem moderadas, que a desolação e a fome eliminadas dos cárceres, quando, enfim, a compaixão e a humanidade penetrarem as portas de ferro e prevalecerem sobre os ministros da justiça inexoráveis e empedernidos, as leis poderão contentar-se com indícios cada vez mais fracos para a prisão. Um homem acusado de um delito, encarcerado e depois absolvido, não deveria trazer consigo nenhuma nota de infâmia. Quantos romanos acusados de delitos gravíssimos, depois reconhecidos como inocentes, foram reverenciados pelo povo e honrados com magistraturas! Mas por que razão é tão diferente, nos nossos dias, a sorte de um inocente? Porque no sistema criminal presente, segundo a opinião dos homens, parece prevalecer a idéia da força e da prepotência sobre a idéia da justiça; porque se atiram indistintamente à mesma masmorra os acusados e os convictos; porque a prisão é mais um lugar de suplício que de custódia do réu e porque a força interna tutora das leis é separada da força externa defensora do trono e da nação, quando deveriam estar unidas. Assim, a primeira, graças ao apoio comum das leis, seria combinada com o poder judiciário, sem depender de sua autoridade imediata, e a glória, que acompanha a pompa, e o fausto de um corpo militar retirariam a infâmia, a qual, como todos os sentimentos populares, está mais ligada ao modo que à coisa; e isso está provado por serem as prisões militares, na opinião comum, menos infamantes do que as forenses. Perduram ainda no povo, nos costumes e nas leis – cuja qualidade está sempre atrasada de mais de um século em relação às luzes de uma nação – as bárbaras impressões e as idéias ferozes dos nossos antepassados, caçadores do Norte.

Afirmaram alguns que onde quer que se cometa um delito, isto é, uma ação contrária às leis, ele possa ser punido, como se o caráter de súdito fosse indelével, sinônimo, ou, pior ainda, do de escravo; como se alguém pudesse ser súdito de um domínio e habitar em outro e suas ações pudessem sem contradição subordinar-se a dois soberanos e a dois códigos freqüentemente contraditórios. Alguns crêem igualmente que uma ação cruel praticada, por exemplo, em Constantinopla, possa ser punida em Paris, pela razão abstrata de que quem ofende a humanidade merece ter como inimiga toda a humanidade e a execração universal, como se os juízes fossem vingadores da sensibilidade dos homens mais do que dos pactos que os ligam entre si. O lugar da pena é o lugar do delito, porque aí somente, e não alhures, os homens são obrigados a ofender um privado para prevenir a ofensa pública. Um celerado que não tenha violado os pactos de uma sociedade da qual não era membro pode ser temido e por isso exilado e rejeitado pela força superior da sociedade, mas não punido com as formalidades das leis asseguradoras dos pactos desse país, nem em virtude da malícia intrínseca das suas ações.

Costumam os réus de delitos menos graves ser punidos na escuridão de uma prisão, ou ser enviados para dar exemplo a nações que não ofenderam, submetidos a uma escravidão longíqua, portanto quase inútil. Como os homens não se decidem num momento a cometer os mais graves delitos, a pena pública de uma infração grave será considerada pela maioria como estranha e impossível de lhes acontecer, mas a pena pública de delitos mais leves aos quais o espírito está mais próximo causará sobre ele uma impressão que, desviando sua atenção destes últimos, o afastará ainda mais dos delitos mais graves. As penas não somente devem ser proporcionais entre si e à força dos delitos, mas também relativamente à forma de sua aplicação. Alguns isentam de pena um pequeno delito quando o ofendido perdoa, ato este que é conforme à beneficência e à humanidade, mas contrário ao bem público, como se um cidadão privado pudesse com sua remissão elidir a necessidade do castigo, da mesma forma que pode perdoar o ressarcimento da ofensa. O direito de fazer punir não é de um só, mas de todos os cidadãos ou do soberano. Ele só pode renunciar à sua porção de direito, mas não anular a dos outros.

XXX. Processos e Prescrições

Uma vez conhecidas as provas e estabelecida a certeza do delito, é necessário conceder ao réu o tempo e os meios oportunos para justificar-se; mas um tempo tão breve que não prejudique a prontidão da pena, que vimos ser um dos principais freios aos delitos. Um mal compreendido amor pela humanidade parece opor-se a essa presteza, mas toda dúvida desvanecerá se se pensar que os perigos aumentam para os inocentes com os defeitos da legislação.

As leis, porém, devem estabelecer um prazo tanto para a defesa do réu como para as provas dos delitos, e o juiz que estipular o tempo necessário à prova de um delito tornar-se-ia legislador. Da mesma forma, os crimes atrozes que permanecem por longo tempo na memória dos homens, uma vez provados, não merecem prescrição alguma em favor do réu que se subtrai pela fuga; mas nos delitos menores e duvidosos a prescrição deve pôr fim à incerteza do cidadão quanto à sua sorte, pois a obscuridade, envolvendo por muito tempo os delitos, anula o exemplo da impunidade, deixando, entretanto, ao réu a possibilidade de se redimir. Basta-me aqui indicar esses princípios, pois só se pode fixar um limite preciso para uma dada legislação e em dadas circunstâncias de uma sociedade; acrescentarei apenas que, uma vez provada a utilidade das penas moderadas numa nação, as leis que reduzem ou acrescem o tempo da prescrição, ou o prazo[1] das provas, proporcionalmente à gravidade dos delitos, contando o encarceramento ou o exílio voluntário como

1. A duração da fase de instrução criminal. (N. do T.)

parte da pena, chegarão facilmente a estabelecer a divisão de poucas penas suaves para um grande número de delitos.

Esses prazos, porém, não aumentarão na exata proporção da atrocidade dos delitos, uma vez que sua probabilidade está na razão inversa de sua atrocidade. Será preciso, pois, reduzir o tempo da instrução judiciária e aumentar o da prescrição, o que parece contradizer minha afirmação anterior, isto é, que penas iguais podem ser dadas a delitos desiguais, contando como pena o tempo do encarceramento ou da prescrição anteriores à sentença. Para melhor explicar minha idéia ao leitor, eu distingo duas classes de delitos: a primeira é a dos delitos atrozes, que começa pelo homicídio e compreende todos os ulteriores atos facinorosos; a segunda é a dos delitos menores. Essa distinção tem seu fundamento na natureza humana. A segurança da própria vida é um direito natural, a segurança dos bens é um direito social. O número dos motivos que impelem os homens para além do natural sentimento de piedade é muito inferior ao número dos motivos que, pela natural ambição de serem felizes, os induzem a violar um direito que não encontram em seus corações, mas sim nas convenções da sociedade. A grande diferença de probabilidade entre essas duas classes de delitos exige que se regulem com princípios diferentes: nos delitos mais atrozes, por serem mais raros, deve reduzir-se o tempo da instrução em virtude da maior probabilidade de inocência do réu, e deve crescer o prazo da prescrição, pois da sentença definitiva de inocência ou culpabilidade de um homem depende o fim da sua ilusão de impunidade, cujo dano aumenta de acordo com a atrocidade do delito. Mas nos delitos menores, sendo menos provável a inocência do réu, deverá acrescer-se o tempo da instrução; sendo menores os danos da impunidade, será menor o prazo da prescrição. Essa distinção de delitos em duas classes não seria admissível se o risco da impunidade diminuísse na proporção da probabilidade do delito. Observe-se que um acusado do qual não se constatou nem a inocência nem a culpabilidade, embora liberado por falta de provas, poderá sujeitar-se a nova prisão e a novos interrogatórios pelo mesmo delito se surgirem novos indícios previstos pela lei, enquanto não decorrer o prazo da prescrição fixado para o seu delito. Tal, pelo menos, é o critério que julgo oportuno para defender a segurança e a liberdade dos súditos – pois muito facilmente se pode favorecer uma a expensas da outra – a fim de que esses dois bens, que formam o patrimônio igual e inalienável de cada cidadão, sejam protegidos e resguardados, um do despotismo aberto ou mascarado, o outro da turbulenta anarquia popular.

XXXI. Delitos de Difícil Prova

Em vista desses princípios parecerá estranho, a quem não considere que a razão quase nunca foi a legisladora das nações, que os delitos mais atrozes ou mais obscuros e quiméricos, isto é, os mais improváveis, sejam provados pelas conjecturas e pelas provas mais frágeis e equívocas; como se o interesse das leis e do juiz não fosse o de buscar a verdade, mas o de provar o delito: como se não houvesse em condenar um inocente um perigo tanto maior quanto maior for a probabilidade da inocência relativamente à da culpa. Falta, na maioria dos homens, aquele vigor igualmente necessário aos grandes delitos e às grandes virtudes, razão pela qual parece que ambas andem sempre juntas naquelas nações que mais se sustentam na atividade do governo e das paixões adversas ao bem comum, do que em sua massa ou na constante excelência das leis. Nessas nações, as paixões enfraquecidas parecem mais aptas a conservar a forma de governo do que a melhorá-la. Resulta disso uma conseqüência importante, a de que nem sempre os grandes delitos provam o declínio de uma nação.

Certos delitos são ao mesmo tempo freqüentes na sociedade, mas difíceis de serem provados, e neles a dificuldade da prova vale como probabilidade da inocência, e sendo o dano da impunidade tanto menos apreciável quanto mais a freqüência desses delitos depende de princípios diferentes do perigo da impunidade, a duração da instrução e o tempo da prescrição devem ser igualmente reduzidos. E, todavia, os adultérios, a libido grega[1], que são delitos de prova difícil, são aqueles que segundo os princípios admitidos acolhem as presunções tirânicas[2], as *quase-provas*, as *seimprovas* (como se um homem pudesse ser *semi-inocente* ou *semiculpado*, portanto, *semi-absolvível* ou *semipunível*), onde a tortura exerce o seu cruel império sobre o acusado, sobre as testemunhas e até mesmo sobre toda a família de um infeliz, como ensinam com iníqua frieza alguns doutores que apontam aos juízes a norma e a lei.

O adultério é um delito que, considerado politicamente, encontra sua força e seu direcionamento em duas

1. *A libido grega*: o homossexualismo. (N. do T.)

2. *As presunções tirânicas*: as presunções legais, arbitrárias, vinculantes além de toda possibilidade de prova em contrário. Entre elas havia as que dependiam da requisição de duas "semiprovas", que valiam como provas plenas e irrefutáveis. (N. do T.)

razões: as leis variáveis dos homens e a fortíssima atração que impele um sexo para o outro; esta em muitos casos é semelhante à gravidade que move o universo, porque da mesma maneira diminui com a distância; e se uma modifica todos os movimentos dos corpos, assim faz a outra com quase todos os movimentos do espírito, enquanto perdura o seu período, diferindo no fato de que a força da gravidade se equilibra com os obstáculos que encontra, mas a atração entre os sexos geralmente adquire força e vigor com o crescer dos próprios obstáculos.

Se eu tivesse que falar a nações não iluminadas pela religião, diria que há mais uma diferença considerável entre esse delito e os outros. Ele nasce do abuso de uma exigência constante e universal de toda a humanidade, necessidade anterior e, aliás, fundadora da própria sociedade, enquanto os outros delitos destruidores dessa sociedade têm origem mais em paixões momentâneas do que numa exigência natural. Para quem conhece a história e o homem, tal exigência, num dado clima, parece ser igual a uma quantidade constante. Se isso fosse verdade, seriam inúteis, aliás perniciosas, as leis e costumes que procurassem diminuir essa soma total, pois o seu efeito seria o de aumentar uma parte das necessidades próprias e alheias; mas, pelo contrário, seriam sábias aquelas leis que, por assim dizer, seguindo a inclinação natural do plano, dividissem e distribuíssem aquele total em pequenas porções iguais capazes de impedir, uniformemente por toda parte, a aridez e os alagamentos. A fidelidade conjugal é sempre proporcional ao número e à liberdade dos casamentos. Onde estes obedecem a preconceitos hereditários, onde o poder doméstico os combina e separa, a galanteria rompe secretamente tais liames em prejuízo da moral vulgar que tem por função declamar contra os efeitos, perdoando as causas. Mas não há necessidade de tais reflexões para quem, vivendo na religião verdadeira, tem os mais sublimes motivos para corrigir a força dos efeitos naturais. Cometer tal delito é ação tão instantânea e misteriosa, tão encoberta por aquele mesmo véu estendido pelas leis – véu necessário, mas frágil, que aumenta o valor da coisa em vez de reduzi-lo –, as ocasiões são tão fáceis, as conseqüências tão equívocas, que está mais ao alcance do legislador preveni-lo do que corrigi-lo. Regra geral: em cada delito que, por natureza, deve geralmente ficar impune, a pena torna-se um incentivo. É próprio de nossa imaginação que as dificuldades que não são intransponíveis ou demasiado grandes relativamente à preguiça do ânimo de cada homem, excitem mais vivamente a imaginação e engrandeçam o objeto, pois elas são outras tantas barreiras impedindo a imaginação volúvel e errante de abandonar tal objeto e, forçando-a a considerá-lo sob todos seus aspectos, fazem-na mais fortemente se apegar ao lado agradável, ao qual naturalmente o nosso ânimo se atira, do que ao lado doloroso e funesto, de que foge e se afasta.

A ática vênus[3], tão severamente punida pelas leis e tão facilmente submetida aos tormentos que vencem a inocência, fundamenta-se menos nas necessidades do homem isolado e livre do que nas paixões do homem sociável e escravo. Ela retira sua força menos da saciedade dos prazeres do que de uma educação que começa por tornar os homens inúteis a si mesmos para torná-los úteis aos outros, naquelas casas onde se concentram uma ju-

3. O homossexualismo. (N. do T.)

ventude ardente e onde, havendo obstáculos intransponíveis para qualquer outro tipo de relacionamento, todo o vigor da natureza em desenvolvimento é inutilmente consumido para a humanidade, e a velhice é antecipada.

O infanticídio[4] é igualmente o resultado de uma contradição inevitável em que cai uma pessoa que tenha cedido por fraqueza ou por violência. Quem se encontra entre a infâmia e a morte de um ser a quem essa infâmia não afeta, como não haverá de preferir essa morte à miséria certa a que ficariam expostos ela e o fruto infeliz? A melhor maneira de prevenir esse delito seria a de proteger com leis eficazes contra a tirania, que exacerba os vícios que não se podem cobrir com o manto da virtude.

Não pretendo diminuir a justa repulsa que merecem esses delitos, mas, indicando suas origens, creio-me no direito de extrair uma conclusão geral, a saber: que não se pode chamar precisamente justa (isto é, necessária) a pena de um delito, enquanto a lei, nas dadas circunstâncias de uma nação, não tenha aplicado os melhores meios possíveis para preveni-lo.

XXXII. Suicídio

O suicídio é um delito que parece não admitir uma pena propriamente dita, pois ela só poderia recair ou sobre inocentes, ou sobre um corpo frio e insensível. Se neste último caso a pena não há de impressionar os vivos mais do que o açoitar uma estátua, no primeiro ela é injusta e tirânica, porque a liberdade política dos homens

4. O aborto. (N. do T.)

supõe necessariamente que as penas sejam meramente pessoais. Os homens têm demasiado amor à vida e tudo o que os cerca fortalece esse sentimento. A sedutora imagem do prazer e a esperança, dulcíssimo engano dos mortais, em nome do qual eles sorvem a grandes goles o mal mesclado a algumas gotas de contentamento, deleita-os demasiado para temer que a necessária impunidade do suicídio tenha alguma influência sobre os homens. Quem teme a dor obedece às leis, mas todas as fontes dessa dor se extinguem no corpo pela morte. Qual será, pois, o motivo que poderá deter a mão desesperada do suicida? Aquele que se mata prejudica menos a sociedade do que aquele que atravessa para sempre suas fronteiras, pois o primeiro deixa para trás todos os seus bens, enquanto o segundo se transfere com parte de seus haveres. Ademais, se a força da sociedade consiste no número dos cidadãos, causa um prejuízo duas vezes maior aquele que renuncia à nação para entregar-se a uma nação vizinha do que aquele que simplesmente renuncia à sociedade pela morte. A questão reduz-se, pois, a saber se é útil ou nocivo à nação deixar a cada um de seus membros a liberdade perpétua para abandoná-la.

Toda lei que não esteja armada[1] ou que a natureza das circunstâncias torne insubsistente não deve ser promulgada; e assim como a opinião rege os ânimos, obedecendo às impressões lentas e indiretas do legislador e resistindo às impressões diretas e violentas, assim também as leis inúteis, desprezadas pelos homens, comunicam seu aviltamento até as leis mais salutares, que costumam ser vistas mais como um obstáculo a superar do que como

1. Armada: que não preveja sanções idôneas contra o infrator. (N. do T.)

repositório do bem comum. Ora, se, como foi dito, nossos sentimentos são limitados, quanto maior for a veneração dos homens por objetos estranhos às leis, menor será a que sobrará para as próprias leis. Desse princípio, o sábio provedor da felicidade pública pode tirar algumas conseqüências úteis, que para serem expostas me afastariam demais do meu objeto presente: provar a inutilidade de fazer do Estado uma prisão. Uma lei nesse sentido seria inútil, pois, a não ser que rochedos inacessíveis ou um mar impraticável separem os países uns dos outros, como fechar todos os pontos de suas fronteiras? Como vigiar os vigilantes? Quem tudo carregou consigo não pode ser punido após o fato. Desde que foi cometido, seu delito não pode ser punido e puni-lo por antecipação seria punir a vontade dos homens e não as ações; seria comandar a intenção, a parte mais livre do homem em relação ao império das leis humanas. Fazer recair a sanção contra o ausente sobre os bens que deixou, além de facilitar o inevitável conluio que não pode ser impedido sem tiranizar os contratos, paralisaria todo comércio de nação a nação. Punir o réu após seu regresso perpetuaria as ausências impedindo que se reparasse o mal causado à sociedade. A própria proibição de sair de um país aumenta nos nativos o desejo de fazê-lo e é uma advertência aos estrangeiros para que nele não ingressem.

O que deveremos pensar de um governo que, para reter os homens, naturalmente apegados à sua pátria pelas primeiras impressões da infância, não possui outro meio a não ser o temor? A maneira mais segura de prender os cidadãos à pátria é aumentar o bem-estar relativo de cada um. Assim como todo esforço deve ser feito para tornar a balança comercial em nosso favor, também é interesse supremo do soberano e da nação que o total de felicidade, comparado ao das nações circunstantes, seja maior que a de qualquer outra. Os prazeres do luxo não são os principais elementos da felicidade, embora, impedindo que a riqueza se acumule nas mãos de um só, sejam um remédio necessário à desigualdade que aumenta em razão do progresso da nação. Quando as fronteiras de um país aumentam em razão maior que a de sua população, o luxo favorece o despotismo, já que quanto menor o número de homens tanto menor é a indústria; e quanto menor é a indústria, tanto maior é a dependência da pobreza em relação ao fausto e mais difícil e menos temida a reunião dos oprimidos contra os opressores, pois os obséquios, os empregos, as distinções e a submissão, que tornam mais sensível a distância entre o forte e o fraco, se obtêm mais facilmente de poucos do que de muitos, sendo os homens mais independentes se menos vigiados, e menos vigiados se maior é seu número. Mas onde a população aumenta em proporção maior que as fronteiras, o luxo opõe-se ao despotismo, pois estimula a indústria e a atividade dos homens, e a necessidade oferece ao rico prazeres e conforto em demasia para que os da ostentação, que reforçam o sentimento de dependência, ocupem o lugar principal. Pode-se pois observar que, nos estados vastos, fracos e despovoados, a menos que outros motivos não o impeçam, o luxo de ostentação prevalece sobre o de conforto; mas nos estados mais povoados do que vastos, o luxo de conforto sempre reduz o de ostentação. Mas o comércio e a circulação dos prazeres do luxo apresenta o seguinte inconveniente: embora se façam por intermédio de muitos, começam, no entanto, com poucos e com poucos terminam, e são pouquíssimos os que tiram proveito da maioria deles, o que não impede o sentimento de miséria, mais causado pela comparação do que pela realidade. A segurança e a liberdade limitadas unicamente pelas leis são, porém, o que forma a base principal dessa felicidade; com elas, os prazeres do luxo favorecem a população, e sem elas se tornam o instrumento da tirania. Assim como os animais nobres e os pássaros mais livres se refugiam na solidão dos bosques inacessíveis, deixando os campos férteis e radiosos às insídias do homem, assim também os homens fogem dos prazeres quando é a tirania que lhos oferece.

Está, pois, demonstrado que, se a lei que aprisiona os súditos em seu país é inútil e injusta, não o será menos a que condena o suicídio; por isso, embora seja essa uma culpa punida por Deus, o único que pode punir após a morte não é um delito perante os homens, pois a pena, em vez de racair sobre o réu, recai sobre sua família. Se alguém contestar que tal pena pode no entanto deter um homem determinado a se matar, responderei que quem renuncia tranqüilamente ao bem da vida e odeia a existência aqui na terra a ponto de preferir-lhe uma infeliz eternidade, não se comoverá decerto com a consideração, menos eficaz e mais distante, dos filhos ou dos parentes.

XXXIII. Contrabando

O contrabando é um verdadeiro delito que ofende o soberano e a nação, mas cuja pena não deveria ser infamante, visto que quando cometido não produz infâmia na opinião pública. Quem pune com penas infamantes delitos que não sejam reputados como tais pelos homens atenua o sentimento de infâmia pelos que realmente o são. Quem constatar a aplicação da própria pena de morte, por exemplo, para quem mata um faisão e para quem comete assassínio ou falsifica um documento importante, não fará mais nenhuma diferença entre esses delitos; serão destruídos dessa maneira os sentimentos morais, obra de muitos séculos e de muito sangue, tão lentos e tão difíceis de despertar no ânimo humano e para cujo nascimento se julgou necessária a ajuda dos mais sublimes motivos e todo um aparato de graves formalidades.

Esse delito nasce da própria lei, pois, aumentando a taxa aduaneira, aumenta sempre a vantagem e, portanto, a tentação de praticar o contrabando e a facilidade de cometê-lo cresce com a extensão da fronteira a ser vigiada e com a diminuição do volume da própria mercadoria. O confisco dos bens contrabandeados e das coisas que os acompanham é justíssimo, mas será tanto mais eficaz quanto menor a taxa aduaneira, porque os homens só se arriscam na proporção da vantagem que lhes propicia o bom êxito de um empreendimento.

Mas por que será que esse delito não gera infâmia para o seu autor, se constitui um furto contra o príncipe e, por conseguinte, contra a própria nação? Respondo que as ofensas que os homens pensam não lhes possam ser feitas, não lhes interessam o suficiente para levantar a indignação pública contra os ofensores. Assim é o contrabando. Os homens sobre os quais as conseqüências remotas reproduzem impressões extremamente débeis não vêem o dano que lhes pode causar o contrabando; aliás, usufruem amiúde as vantagens que ele apresenta. Só enxergam o dano feito ao príncipe; assim, não se interessam tanto em privar dos seus sufrágios quem pratica o contrabando quanto em punir aquele que comete um furto privado, falsifica um documento e outros males que os podem atingir. Princípio evidente de que todo ser sensível só se interessa pelos males que conhece.

Mas dever-se-ia deixar impune tal delito contra quem nada tem a perder? Não! Há contrabandos que interessam de tal forma à natureza do tributo, parte tão essencial e difícil de uma boa legislação, que esse delito merece uma pena considerável, até a própria prisão e a servidão; mas prisão e servidão conformes à natureza do próprio delito. Por exemplo, a prisão do contrabandista de tabaco não deve ser a mesma daquela do sicário ou do ladrão, e será o mais conforme à natureza das penas que os trabalhos do primeiro sejam limitados aos serviços do fisco que ele quis defraudar.

XXXIV. Dos Devedores

A boa-fé nos contratos e a segurança do comércio obrigam o legislador a assegurar o direito dos credores por meio da pessoa dos devedores falidos, mas eu julgo importante distinguir o falido doloso do falido inocente; o primeiro deveria ser punido com a mesma pena atribuída aos falsários de moedas, pois falsificar uma peça de metal cunhado, que é um penhor das obrigações dos cidadãos, não é delito maior do que falsificar as obrigações mesmas. Mas por que motivo bárbaro o inocente falido, aquele que após rigoroso exame provou diante de seus juízes qua a malícia ou a desgraça alheia ou eventos inevitáveis da humana prudência o despojaram de seus bens, deverá ser atirado a uma prisão e privado do único e mísero bem que lhe resta – a liberdade? Por que deverá ele experimentar as angústias dos culpados e, com o desespero de sua probidade oprimida, arrepender-se, quem sabe, da tranqüila inocência em que vivia sob a tutela das leis que não estava em seu poder poupar da ofensa? Leis ditadas pela avidez dos poderosos e suportadas pelos fracos graças à esperança que sempre reluz no espírito humano, fazendo-nos crer que os eventos adversos são para os outros e os vantajosos para nós? Os homens, entregues a seus sentimentos mais óbvios, amam as leis cruéis, embora, sujeitos a elas, fosse do interesse de cada um que elas fossem moderadas, pois é maior o temor de ser ofendido que a vontade de ofender. Voltando ao falido inocente, afirmo que se sua obrigação há de ser inextinguível até o pagamento total, se não lhe for concedido subtrair-se a ela sem o consentimento das partes interessadas e de transferir para outra jurisdição a sua atividade – a qual, sob pena de sanções, deveria ser empregada para tornar a colocá-lo em condições de pagar os empréstimos, qual será então o pretexto legítimo, como a segurança do comércio ou a sagrada propriedade dos bens, que justifique uma inútil privação de liberdade, a não ser no caso raríssimo em que, supondo-se uma investigação rigorosa, os males da escravidão ocasionassem a revelação dos segredos de um suposto falido inocente. Reputo, como máxima legislatória, que o valor dos inconvenientes políticos esteja na razão direta do dano público e na razão inversa da improbabilidade de comprová-lo. Poder-se-ia distinguir o dolo da culpa grave, a grave da leve, e esta, da perfeita inocência; e atribuir à primeira as penas previstas para o crime de falsificação, à segunda, penas menores mas com privação de liberdade, reservando à última a livre escolha dos meios para recuperar-se, negando à terceira a liberdade de fazê-lo, e concedendo essa liberdade aos credores. Mas as distinções entre pena grave e pena leve devem ser estabelecidas pela lei cega e imparcial e não pela prudência dos juízes, tão arbitrária quanto perigosa. Fixar limites é tão necessário na política como na matemática, tanto na medida do bem comum como na medida das grandezas[1].

Como seria fácil para o legislador previdente impedir uma grande parte das falências fraudulentas e remediar as desgraças do inocente laborioso! O registro público e manifesto de todos os contratos, a liberdade para que todos os cidadãos consultem os documentos bem ordenados, um banco público formado pelos tributos sabiamente lançados sobre o comércio bem-sucedido e destinado a socorrer, com quantias oportunas, o comerciante infeliz e inculpável não teriam nenhum inconveniente real e podem criar inúmeras vantagens. Mas as fáceis, simples, grandes leis, que tão-somente aguardam o sinal do legislador para disseminar no seio da nação o vigor e a riqueza, leis essas que o recompensariam, de geração em geração, com hinos imorredouros de gratidão, são ou as menos conhecidas ou as menos desejadas. Um espírito inquieto e mesquinho, a tímida prudência do movimento presente, uma rigidez circunspecta diante das novidades

1. O comércio e a propriedade dos bens não constituem um fim do pacto social, mas podem ser um meio para alcançá-lo. Expor todos os membros da sociedade aos males resultantes das múltiplas combinações existentes seria subordinar os fins aos meios, paralogismo de todas as ciências e particularmente da política, em que eu caí nas edições precedentes. Nelas eu dizia que o falido inocente deveria ser custodiado como penhor das suas dívidas, ou empregado como escravo a serviço dos seus credores. Envergonho-me do que escrevi. Fui acusado de irreligiosidade e de sedição, sem o merecer. Ofendi os direitos da humanidade e ninguém me censurou por isso.

apoderam-se dos sentimentos de quem regula a multidão de ações dos pequenos mortais.

XXXV. Asilos[1]

Restam ainda duas questões a examinar: uma, se os asilos são justos e, a outra, se os pactos de entrega recíproca dos réus entre as nações são úteis ou não. Dentro das fronteiras de um país não deve haver nenhum lugar independente das leis. A força delas deve seguir cada cidadão, assim como a sombra segue o corpo. A impunidade e o asilo só diferem em grau, e como a impressão da pena consiste mais na certeza de encontrá-la do que no seu rigor, os asilos convidam mais aos delitos do que as penas dissuadem deles. Multiplicar os asilos é formar outras tantas pequenas soberanias, porque onde as leis não imperam, novas leis podem ser formadas opostas às comuns e, portanto, com um espírito oposto ao do corpo inteiro da sociedade. Todas as histórias mostram que dos asilos saíram grandes revoluções nos estados e nas opiniões dos homens. Mas se é útil ou não a entrega recíproca dos réus entre as nações é uma questão que eu não ousaria decidir enquanto leis mais conformes às necessidades da humanidade, penas mais suaves e a extinção da dependência do arbítrio e da opinião não garantirem a segurança da inocência oprimida e da virtude detestada, enquanto a tirania não for totalmente confinada às vastas planícies da Ásia pela razão universal que cada vez mais une os interesses do trono aos dos súditos, embora a con-

1. *Asilos*: lugares para os quais vale o direito de asilo. (N. do T.)

vicção de não encontrar um só palmo de terra que perdoe os verdadeiros delitos pudesse ser um meio extremamente eficaz para preveni-los.

XXXVI. Da Recompensa

Outra questão diz respeito à utilidade ou não de se colocar a prêmio a cabeça de um homem, notoriamente culpado, armar o braço de cada cidadão e fazer dele um carrasco. Ou o réu está além-fronteiras, ou dentro delas. No primeiro caso, o soberano estimula os cidadãos a cometerem um delito e os expõe ao castigo, praticando assim uma injustiça e uma usurpação de autoridade nos domínios alheios; autoriza, assim, as outras nações a agir da mesma forma. No segundo, dá ele mostras da própria fraqueza. Aquele que tem a força para se defender não procura comprá-la. Ademais, semelhante édito subverte todas as idéias de moral e de virtude, que, ao menor sopro de vento, se desvanecem no espírito humano. Ora as leis convidam à traição, ora a punem. Com uma mão o legislador estreita os laços de família, de parentesco, de amizade, e com a outra premia quem os parte e quem os quebra; sempre contradizendo a si mesmo, ora convida à confiança os ânimos desconfiados dos homens, ora espalha a desconfiança nos corações. Ao invés de prevenir um delito, dá origem a outros cem. São esses os expedientes de nações fracas, cujas leis não passam de restaurações momentâneas de um edifício em ruínas que esteja desabando. À medida que crescem os lumes numa nação, tornam-se necessárias a boa-fé e a confiança recíproca e cada vez mais tendem elas a confundir-se com a verdadeira política. Os artifícios, as cabalas, as vias obscuras e indiretas são, geralmente, previsíveis e a sensibilidade de todos inibe a sensibilidade de cada um em particular. Os próprios séculos de ignorância, nos quais a moral política obriga os homens a obedecer à moral privada, servem de ensinamento e de experiência aos séculos iluminados. Mas as leis que premiam a traição e atiçam uma guerra clandestina semeando a desconfiança recíproca entre os cidadãos se opõem a essa aliança tão necessária entre a moral e a política, aliança que asseguraria aos homens a felicidade, às nações a paz, e, ao universo, intervalos mais longos de tranqüilidade e repouso dos males que o afligem.

XXXVII. Das Tentativas, dos Cúmplices, da Impunidade

Não é porque as leis não punem a intenção que deixa de merecer uma pena um delito que comece com alguma ação que manifeste a vontade de o executar, ainda que tal pena seja menor que a da execução mesma do delito. A necessidade de prevenir uma tentativa autoriza uma pena. Mas assim como entre a tentativa e a execução pode haver um intervalo, reservar a pena maior ao delito consumado pode ocasionar o arrependimento. Diga-se o mesmo quando houver vários cúmplices de um delito, e não todos eles executores imediatos, mas por razões diferentes. Quando vários homens se unem num risco, quanto maior esse risco tanto mais eles procuram torná-lo igual para todos; será, pois, mais difícil achar quem se contente em ser o executor, correndo um risco maior que os outros cúmplices. A única exceção seria a do caso em que fosse fixado um prêmio ao executor; tendo ele então uma compensação pelo risco maior, a pena deveria ser igual.

Essas reflexões parecerão demasiado metafísicas a quem não meditar no quanto é útil que as leis desencorajem quaisquer acordos entre os companheiros de um delito.

Alguns tribunais oferecem a impunidade àquele cúmplice de delito grave que denuncie seus companheiros. Tal expediente tem seus inconvenientes e suas vantagens. Os inconvenientes são que a nação autoriza a traição, detestável mesmo entre os celerados, porque são menos fatais a uma nação os delitos de coragem que os de vileza: porque a coragem não é freqüente, já que só espera uma força benéfica e diretriz que a faça concorrer ao bem público, enquanto a vileza é mais comum e contagiosa, e sempre mais se concentra em si mesma. Ademais, o tribunal revela a sua própria incerteza, a fraqueza da lei, que implora a ajuda de quem a ofende. As vantagens consistem na prevenção dos delitos importantes que, por terem efeitos evidentes e autores ocultos, atemorizam o povo; além disso, se contribui para mostrar que quem não tem fé nas leis, isto é, no público, é provável que também não confie no privado. Parece-me que uma lei geral que prometesse a impunidade ao cúmplice delator de qualquer delito seria preferível a uma declaração especial num caso particular, porque assim preveniria as uniões pelo temor recíproco que cada cúmplice teria de se expor sozinho e o tribunal não faria homens audaciosos, dos celerados que se vissem chamados a ajudar num caso particular. Uma tal lei, portanto, deveria unir a impunidade ao banimento do delator... Mas em vão me atormento para destruir o remoso que sinto autorizando as leis sacrossantas, monumentos da confiança pública, base da moral humana, à traição e à dissimulação. Além disso que exemplo haveria para a nação se negasse a impunidade prometida e por meio de filigranas legais se arrastasse ao suplício, a despeito da fé pública, quem acorreu ao convite das leis! Não são raros tais exemplos nas nações e, por isso, não são poucos os que só concebem uma nação como uma máquina complicada, cujas engrenagens são movidas pelo mais destro e pelo mais potente, a seu bel-prazer; frios e insensíveis a tudo que forma a delícia das almas ternas e sublimes, eles estimulam com imperturbável sagacidade os sentimentos mais caros e as paixões mais violentas, tão logo vêem que elas lhes sejam úteis aos seus desígnios, tocando os espíritos assim como os músicos tocam os instrumentos.

XXXVIII. Interrogatórios Sugestivos e Depoimentos

As nossas leis proscrevem os interrogatórios chamados *sugestivos* num processo, isto é, aqueles que segundo os doutores interrogam sobre a *espécie*, e não, como deveriam, sobre o *gênero*, nas circunstâncias de um delito; a saber, as interrogações que, tendo conexão imediata com o delito, *sugerem* ao réu uma resposta imediata. Segundo os criminalistas, o interrogatório deve, por assim dizer, envolver o fato como uma espiral, sem jamais alcançá-lo por via direta. Os motivos desse método são ou não sugerir ao réu uma resposta que o acoberte da acusação, ou talvez porque parece contrário à natureza mesma que um réu se acuse por si só. Seja qual for o motivo, vale notar a contradição das leis que, junto com essa prática, autorizam a tortura. E, com efeito, qual interrogação pode ser mais *sugestiva* que a dor? O primeiro motivo verifica-se na tortura, pois a dor *sugerirá* ao robusto um silêncio obstinado, para transformar a pena maior pela menor, e ao fraco *sugerirá* a confissão, para livrar-se do tormento presente, mais intenso, nesse momento, do que a dor futura. O segundo motivo é evidentemente o mesmo, pois se um interrogatório *especial* levar um réu à confissão, contra o direito natural, as dores o lograrão mais facilmente ainda: mas os homens se pautam mais pela diferença dos nomes que pela das coisas. Entre os abusos da gramática cuja influência nas questões humanas não foi de pequena monta, merece destaque o que torna nulo e ineficaz o depoimento de um réu já condenado; ele está *morto civilmente*, afirmam com gravidade os jurisconsultos peripatéticos, e um *morto* não é capaz de ação alguma. Sacrificou-se um sem-número de vítimas para dar sustentação a essa vã metáfora, e amiúde, e com a maior seriedade, se discutiu se a verdade deveria ceder ou não às formas judiciais. Desde que o depoimento do réu condenado não chegue ao ponto de emperrar o curso da justiça, por que não conceder aos interesses da verdade e à extrema miséria do réu, mesmo após a condenação, um espaço conveniente, de modo que, aduzindo ele elementos novos que alterem a natureza dos fatos, possa justificar a si mesmo ou a outrem com novo julgamento? As formalidades e o cerimonial são indispensáveis à administração da justiça, quer porque nada deixam ao arbítrio de quem a administra, quer porque sugerem ao povo um julgamento não-tumultuário e parcial, mais sim estável e regular, quer, enfim, porque as sensações, mais do que os raciocínios, produzem impressões eficazes sobre os homens imitadores e escravos do hábito. Mas essas formalidades nunca podem, sem perigo fatal, ser fixadas pela lei de modo a desservir a verdade, a qual, por ser demasiado simples ou demasiado complexa, necessita de alguma pompa externa para conquistar o povo ignorante. Finalmente, aquele que durante o interrogatório insistisse em não responder às perguntas feitas merece uma pena afixada pelas leis, uma pena das mais severas entre as previstas, para que os homens não faltem à necessidade do exemplo que devem ao público. Essa pena é desnecessária quando esteja fora de dúvida que certo acusado tenha cometido certo delito, o que torna o interrogatório inútil, da mesma forma que é inútil a confissão do delito quando outras provas justificam a culpabilidade. Este último caso é o mais comum, pois a experiência mostra que, na maioria dos processos, os réus negam sua culpa.

XXXIX. De um Gênero Particular de Delitos

Quem ler esta obra perceberá que omiti um gênero de delitos que cobriu a Europa de sangue humano e levantou aquelas funestas piras, onde corpos humanos vivos serviam de alimento às chamas; era um alegre espetáculo e uma doce harmonia, para a multidão cega, ouvir os gemidos surdos e confusos dos miseráveis saírem das volutas negras de fumaça, fumaça de membros humanos, entre o ranger dos ossos carbonizados e o frigir das vísceras ainda palpitantes. Mas os homens razoáveis verão que o lugar, o século e a matéria não me permitem examinar a natureza de tal delito. Seria tarefa demasiado longa e estranha ao meu assunto provar, contra o exemplo de muitas nações, a necessidade de uma perfeita uniformidade de pensamento num Estado; provar como opiniões que divergem apenas por algumas diferenças muito sutis e obscuras, muito acima da capacidade humana, possam ainda tumultuar o bem público, a menos que uma só seja autorizada, e as outras excluídas; e provar, ainda, que a natureza das opiniões é composta de tal forma que, enquanto algumas se fortalecem no contraste e, se opondo, se esclarecem flutuando as verdadeiras, as falsas submergem no olvido, enquanto outras, inseguras por sua nua constância, devem vestir-se de autoridade e de força. Seria demasiado longo provar que, por mais odioso que pareça o império da força sobre as mentes humanas, império cujas únicas conquistas são a dissimulação, logo o envilecimento, e por contrário que ele possa aparentemente ser ao espírito de mansidão e fraternidade ordenado pela razão e pela autoridade que mais veneramos, ele é, todavia, necessário e indispensável. Deve considerar-se que tudo isso está provado pelas evidências e conforme aos verdadeiros interesses dos homens, se existe quem o exerça com reconhecida autoridade. Eu só falo dos delitos que emanam da natureza humana e do pacto social, e não dos pecados, cujas penas, ainda que temporais, devem regular-se por outros princípios que não aqueles de uma limitada filosofia.

XL. Falsas Idéias de Utilidade

Uma fonte de erros e de injustiças são as falsas idéias de utilidade concebidas pelos legisladodores. Falsa idéia de utilidade é a que antepõe os inconvenientes particulares ao inconveniente geral; é a que comanda os sentimentos ao invés de estimulá-los e diz à lógica: serve. Falsa idéia de utilidade é a que sacrifica mil vantagens reais a um inconveniente imaginário ou sem grandes conseqüências; é a que tiraria o fogo dos homens, porque incendeia, e a água porque afoga, e que só repara os males com a destruicão. As leis que proíbem o porte de armas são dessa natureza; elas só desarmam os que não têm pendor nem determinação para os delitos, enquanto aqueles que têm a coragem de violar as leis mais sagradas da humanidade e as mais importantes do código, respeitarão as leis menores e puramente arbitrárias, tão fácil e impunemente passíveis de transgressão e cuja exata execução suprime a liberdade pessoal, tão cara ao homem quanto ao legislador ilustrado e submete os inocentes a todos os vexames destinados aos réus? Tais vexames colocam os agredidos em posição de inferioridade, privilegiando os agressores; ao invés de diminuir o número de homicídios, aumentam-no por ser mais seguro assaltar os desarmados do que os armados. Essas não são leis preventivas dos delitos, mas temerosas deles, nascidas da impressão tumultuosa de alguns fatos particulares e não da meditação ponderada sobre os inconvenientes e as vantagens de um decreto universal. Falsa idéia de utilidade é a que pretenderia dar a uma multidão de seres sensíveis a simetria e a ordem que a matéria bruta e inanimada tolera, descuidando dos motivos presentes, os únicos a agir sobre a multidão com força e perseverança, para fortalecer os motivos distantes, que causam uma impressão ao mesmo tempo débil e fugaz, se uma força de imaginação incomum na humanidade não suprir a distância do objeto com o seu engrandecimento. Finalmente, é falsa idéia de utilidade a que, sacrificando a coisa ao nome, separa o bem público do bem particular. Há uma diferença entre o estado de sociedade e a o estado de natureza, a saber: o homem selvagem só prejudica a outrem o quanto basta para beneficiar a si próprio, enquanto o homem social é às vezes levado pelas más leis a ofender a outrem sem benefício para si próprio. O déspota lança o temor e o desalento no coração de seus escravos, mas esses sentimentos, rebatidos, se voltam contra seu coração para atormentá-lo mais fortemente. Quanto mais o temor é solitário e doméstico, menos perigoso é para quem faz dele o instrumento da sua felicidade; mas quanto mais se tornar público e atacar uma multidão maior de homens, mais fácil será ver ou o imprudente ou o desesperado ou o destemido avisado forçar os homens a servir seus fins, despertando neles sentimentos tanto mais gratos e sedutores quanto maior for o número de pessoas sobre quem o risco da iniciativa recai; então, o valor que os infelizes atribuem à própria existência diminui na proporção da miséria que padecem. Por essa razão é que as ofensas dão vida a novas ofensas, pois o ódio é um sentimento mais durável que o amor na medida em que aquele retira a sua força da continuidade dos atos que enfraquecem este último.

XLI. Como Prevenir os Delitos

É melhor prevenir os delitos do que puni-los. É este o escopo principal de toda boa legislação, que é a arte de conduzir os homens ao máximo de felicidade ou ao mínimo de infelicidade possível, conforme todos os cálculos dos bens e dos males da vida. Mas os meios até agora empregados têm sido, em sua maioria, falsos e contrários ao fim proposto. Não é possível reduzir a turbulenta atividade dos homens a uma ordem geométrica sem irregularidade e confusão. Assim como as leis da natureza, constantes e simplíssimas, não impedem que os planetas sofram perturbações em seus movimentos, assim também nas atrações infinitas e muito opostas do prazer e da dor as leis humanas não podem impedir as pertubações e a desordem. Todavia, é essa a quimera dos homens limitados, quando têm o comando nas mãos. Proibir uma grande quantidade de ações diferentes não é prevenir os delitos que delas possam nascer, mas criar outros novos, é definir arbitrariamente a virtude e o vício, que nos são apresentados como eternos e imutáveis. A que nos reduziríamos se nos fosse vedado tudo o que nos pode induzir ao delito? Seria preciso privar o homem do uso dos sentidos. Para cada motivo que impele os homens a cometer um verdadeiro delito, há mil outros que os impelem a cometer aquelas ações indiferentes que as más leis chamam delitos; e se a probabilidade dos delitos é proporcional ao número dos motivos, ampliar a esfera dos delitos é aumentar a probabilidade de que sejam cometidos. A maioria das leis não passam de privilégios, isto é, um tributo de todos em benefício de alguns poucos.

Quereis prevenir os delitos? Fazei com que as leis sejam claras, simples e que toda a força da nação se concentre em defendê-las e nenhuma parte dela seja empregada para destruí-las. Fazei com que as leis favoreçam menos as classes dos homens do que os próprios homens. Fazei com que os homens as temam, e temam só a elas. O temor das leis é salutar, mas o temor de homem a homem é fatal e fecundo em delitos. Os homens escravizados são mais voluptuosos, mais libertinos, mais cruéis do que os homens livres. Estes meditam sobre as ciências, meditam sobre os interesses da nação, vêem os grandes objetos, e os imitam; mas aqueles, satisfeitos com o dia presente, procuram no estrépito da libertinagem uma distração ao aniquilamento em que se encontram. Habituados à incerteza em tudo, o êxito dos seus delitos torna-se para eles problemático, favorecendo a paixão que os determina. Se a incerteza das leis recai sobre uma nação indolente pelo clima, mantém e aumenta a indolência e a estupidez. Se recai sobre uma nação voluptuosa mas ativa, ela desperdiça a atividade dessas leis num sem-número de pequenas cabalas e intrigas, que espalham a desconfiança nos corações e fazem da traição e da dissimulação a base da prudência. Se recai sobre uma nação corajosa e forte, após muitas oscilações da liberdade à escravidão e da escravidão à liberdade, a incerteza acaba sendo eliminada.

XLII. Das Ciências

Quereis prevenir os delitos? Fazei com que as luzes acompanhem a liberdade. Os males nascidos dos conhecimentos estão na razão inversa de sua difusão e os bens, na razão direta. Um impostor audacioso, que nunca é um homem vulgar, é adorado por um povo ignorante e vaiado por um povo esclarecido. Os conhecimentos, ao facilitarem a comparação entre os objetos e ao multiplicar os pontos de vista, contrapõem muitos sentimentos que se modificam entre si tanto mais facilmente quanto mais previsíveis são nos outros as mesmas opiniões e as mesmas resistências. Diante das luzes derramadas em profusão sobre a nação, cala-se a ignorância caluniosa e treme a autoridade privada das armas da razão, permanecendo imóvel a força vigorosa das leis, pois não há homem esclarecido que não aprecie os pactos públicos, claros e úteis da segurança comum, ao comparar a pequena e inútil parcela de liberdade que sacrificou com a soma de todas as liberdades sacrificadas pelos outros homens, os quais, sem as leis, poderiam conspirar contra ele. Quem quer que, dotado de uma alma sensível, lance um olhar a um código de leis bem-feitas e ache que nada perdeu além da funesta liberdade de prejudicar a outrem não poderá senão abençoar o trono e quem o ocupa.

Não é verdade que as ciências sejam sempre prejudiciais à humanidade e, quando o foram, tratava-se de um mal inevitável para os homens. A multiplicação do gênero humano na face da terra introduziu a guerra, as artes mais rústicas, as primeiras leis, que eram pactos momentâneos gerados pela necessidade e que com ela pereciam. Foi essa a primeira filosofia dos homens, com poucos elementos corretos, pois somente sua indolência e escassa sagacidade os preservavam do erro. Mas as necessidades cada vez mais se multiplicavam com o multiplicar-se dos homens; faziam-se pois necessárias impressões mais fortes e mais duráveis para dissuadi-los de reiterados retornos ao primeiro estado de insociabilidade, cada vez mais funesto. Foram, assim, de grande valia o gênero humano (refiro-me ao benefício político) os primeiros erros que povoaram a terra de falsas divindades e imaginaram um universo invisível governando o nosso. Foram benfeitores dos homens os que ousaram surpreendê-la, arrastando até os altares a dócil ignorância. Apresentando aos homens objetos que transcendiam seus sentidos, que lhes escapavam das mãos à medida que acreditavam alcançá-los, que não podiam desprezar por não conhecê-los, reuniram e concentraram as paixões que os dividiam num único objeto que os impressionava fortemente. Foram essas as primeiras vicissitudes de todas as nações formadas por povos selvagens; foi essa a época de formação das grandes sociedades; foi esse seu vínculo necessário e talvez único. Não falo daquele povo eleito por Deus, para o qual os milagres mais extraordinários e as graças mais notáveis ocuparam o lugar da política humana. Mas assim como é próprio do erro subdividir-se ao infinito, assim também as ciências nascidas de tais erros fizeram dos homens uma fanática multidão de cegos, entrechocando-se desordenadamente num labirinto sem saída, a ponto de alguns espíritos sensíveis e filosóficos lamentarem até mesmo o antigo estado selvagem. Eis a primeira época em que os conhecimentos, ou melhor dizendo, as opiniões, são danosas.

A segunda consiste na passagem tão difícil quanto terrível dos erros à verdade, das trevas desconhecidas à luz. O impacto imenso dos erros úteis a poucos poderosos contra as verdades úteis a muitos fracos, a aproximação e o crescimento das paixões, que despertam naquela ocasião, causam males infinitos à mísera humanidade. Quem refletir sobre as histórias, que após certos intervalos se assemelham em seus períodos principais, encontrará não raras vezes uma geração inteira sacrificada à felicidade daquelas que lhe sucedem na passagem, lúgubre porém necessária, das trevas da ignorância à luz da filosofia e, conseqüentemente, da tirania à liberdade. Mas, uma vez apaziguados os ânimos e dominado o incêndio que purgou a nação dos males que a oprimem quando a verdade, cujos progressos são primeiro lentos para depois se acelerarem, compartilha o trono dos monarcas e tem culto e altar nos parlamentos das repúblicas, quem poderá asseverar que a luz que ilumina a multidão seja mais danosa do que as trevas, e que as relações simples e verdadeiras entre as coisas bem conhecidas pelos homens lhes sejam funestas?

Se a cega ignorância é menos fatal que o medíocre e o confuso saber, já que este acrescenta aos males da primeira os do erro inevitável de quem tem uma visão restrita ao que está aquém das fronteiras da verdade, o homem esclarecido é o dom mais precioso que o soberano possa fazer à nação e a si mesmo, tornando-o depositário e guardião das santas leis. Afeito à visão da verdade e a não temê-la, sem a maioria das necessidades da opinião que, nunca suficientemente satisfeitas, põem à prova a virtude da maioria dos homens, acostumado a contemplar a humanidade das maiores alturas, aos seus olhos a nação torna-se uma família de irmãos, e a distância entre os grandes e o povo parece-lhe tanto menor quanto maior é a multidão humana à sua frente. Os filósofos adquirem necessidades e interesses desconhecidos da gente vulgar, principalmente o de não desmentir à luz do dia os princípios apregoados na obscuridade, e adquirem o hábito de amar a verdade por si mesma. Uma seleção de homens como esses forma a felicidade de uma nação; será, no entanto, uma felicidade momentânea se as boas leis não aumentarem seu número de tal modo que reduza a probabilidade sempre grande de uma má eleição.

XLIII. Dos magistrados

Outro meio de prevenir os delitos é o de interessar o colégio executor das leis antes pela observância delas do que pela corrupção. Quanto maior o número dos membros que compõem tal colégio, menor é o perigo de usurpação das leis, porque a venalidade é mais difícil entre membros que se observam uns aos outros; e estão tanto menos interessados em aumentar a própria autoridade quanto menor é a porção que caberia a cada um, mormente se comparada com o perigo do empreendimento. Se o soberano, com o aparato e com a pompa, com a austeridade dos éditos, com a proibição das querelas justas e injustas de quem se acha oprimido, acostumar os súditos a temerem mais os magistrados do que as leis, estes últimos se aproveitarão mais desse temor do que com ele lucrará a segurança pública e particular.

XLIV. Prêmios

Outro meio de prevenir os delitos é o de premiar a virtude. A esse respeito, observo um silêncio universal nas leis de todas as nações hodiernas. Se os prêmios destinados pelas academias aos descobridores das verdades mais úteis multiplicaram os conhecimentos e os bons livros, por que razão os prêmios estabelecidos pela mão benéfica do soberano não multiplicariam as ações virtuosas? A moeda da honra é sempre inesgotável e frutífera nas mãos de quem a distribui com sabedoria.

XLV. Educação

Finalmente, o meio mais seguro, porém mais difícil, para prevenir os delitos é aperfeiçoar a educação, assunto demasiado vasto que excede os limites que me impus. Ouso também dizer que ele está muito intimamente ligado à natureza do governo, razão para que seja sempre um campo estéril, só cultivado aqui e acolá por alguns poucos sábios, até nos mais remotos séculos da felicidade pública. Um grande homem, que ilumina a humanidade que o persegue[1], mostrou em detalhe quais sejam as principais máximas da educação realmente útil aos homens, a saber: preterir uma estéril multidão de objetos em favor de uma escolha precisa deles; substituir os originais às cópias nos fenômenos tanto morais como físicos que o acaso ou a indústria apresentam aos espíritos novos dos jovens; conduzir esses jovens à virtude pelo fácil caminho do sentimento e desviá-los do mal pela via infalível da necessidade e do inconveniente, e não pela via duvidosa do comando, que só obtém uma momentânea e simulada obediência.

XLVI. Das Graças

À medida que as penas se tornam mais suaves, a clemência e o perdão tornam-se menos necessários. Feliz a nação onde eles seriam funestos! A clemência, pois, aquela virtude que às vezes foi para um soberano o suplemento de todos os deveres do trono, deveria ser excluída de uma legislação perfeita onde as penas fossem suaves e o método de julgamento regular e expedito. Esta poderá parecer uma verdade dura para quem vive na desordem do sistema criminal, onde o perdão e as graças são necessários na proporção do absurdo das leis e da atrocidade das condenações. A graça é a mais bela prerrogativa do trono e o mais desejável tributo da soberania; é a tácita reprovação que os benefícios provedores da felicidade pública fazem a um código, que, com todas as suas imperfeições, tem a seu favor o preconceito dos séculos, um aparato vo-

1. Trata-se de Rousseau. (N. do T.)

lumoso e imponente de infinitos comentadores, a grave pompa das formalidades eternas e a adesão dos semidoutos mais insinuantes e menos temidos. Atente-se, porém, para o fato de que a clemência é a virtude do legislador e não do executor das leis; ela deve resplandecer no código e não nos julgamentos particulares; mostrar aos homens que os delitos podem ser perdoados e que a pena não é sua inevitável conseqüência é fomentar a ilusão da impunidade, é fazer crer que as condenações não perdoadas, embora pudessem sê-lo, são antes abusos de força que emanações de justiça. Que dizer, então, quando o príncipe concede a graça, ou seja, a pública segurança a um particular e, com um ato privado de benevolência não esclarecida, baixa um decreto público de impunidade? Que as leis sejam, pois, inexoráveis e inexoráveis sejam também seus executores nos casos particulares, mas que o legislador seja brando, humano e indulgente. Sábio arquiteto, erga ele seu edifício sobre uma base de amor próprio e seja interesse geral resultado dos interesses de cada um; destarte, não será ele obrigado, com leis parciais e remédios desordenados a separar a cada instante o bem público do bem dos particulares e a levantar o simulacro da salvação pública sobre o temor e a desconfiança. Filósofo profundo e sensível, deixe ele que os homens, seus irmãos, desfrutem em paz a pequena porção de felicidade que o imenso sistema, concebido pela primeira Causa, pelo que é, lhes permite usufruir neste canto do universo.

XLVII. Conclusão

Concluo com uma reflexão, a de que a grandeza das penas deve ser relativa ao estado da nação mesma. Mais fortes e sensíveis devem ser as impressões sobre os espíritos endurecidos de um povo apenas emergido do estado selvagem. É preciso o raio para abater um leão feroz que não se abala com o disparo do fuzil. Mas à medida que os espíritos se abrandam nos estados de sociedade, cresce a sensibilidade e, com ela, deve decrescer a força da pena, se houver que se manter constante a relação entre o objeto e a sensação.

De quanto se viu até agora pode tirar-se um teorema geral muito útil, mas pouco conforme ao uso, esse legislador ordinário das nações, a saber: *para que cada pena não seja uma violência de um ou de muitos contra um cidadão privado, deve ser essencialmente pública, rápida, necessária, a mínima possível nas circunstâncias dadas, proporcional aos delitos e ditada pelas leis.*

Impresso por :

Graphium
gráfica e editora

Tel.:11 2769-9056